农村土地承包法
一本通

法规应用研究中心 编

中国法治出版社
CHINA LEGAL PUBLISHING HOUSE

编 辑 说 明

"法律一本通"系列丛书自 2005 年出版以来,以其科学的体系、实用的内容,深受广大读者的喜爱。2007 年、2011 年、2014 年、2016 年、2018 年、2019 年、2021 年、2023 年我们对其进行了改版,丰富了其内容,增强了其实用性,博得了广大读者的赞誉。

我们秉承"以法释法"的宗旨,在保持原有的体例之上,今年再次对"法律一本通"系列丛书进行改版,以达到"应办案所需,适学习所用"的目标。新版丛书具有以下特点:

1. 丛书以主体法的条文为序,逐条穿插关联的现行有效的法律、行政法规、部门规章、司法解释、请示答复和部分地方规范性文件,以方便读者理解和适用。

2. 丛书紧扣实践和学习两个主题,在目录上标注了重点法条,并在某些重点法条的相关规定之前,对收录的相关文件进行分类,再按分类归纳核心要点,以便读者最便捷地查找使用。

3. 丛书紧扣法律条文,在主法条的相关规定之后附上案例指引,收录最高人民法院、最高人民检察院指导性案例、公报案例以及相关机构公布的典型案例的裁判摘要、案例要旨或案情摘要等。通过相关案例,可以进一步领会和把握法律条文的适用,从而作为解决实际问题的参考。并对案例指引制作索引目录,方便读者查找。

4. 丛书以脚注的形式,对各类法律文件之间或者同一法律文件不同条文之间的适用关系、重点法条疑难之处进行说明,以便读者系统地理解我国现行各个法律部门的规则体系,从而更好地为教学科研和司法实践服务。

5. 丛书结合二维码技术的应用为广大读者提供增值服务,扫描前勒口二维码,即可在图书出版之日起一年内免费部分使用中国法治出版社推出的【法融】数据库。【法融】数据库中"国家法律法规"栏目便于读者查阅法律文件准确全文及效力,"最高法指导案例"和"最高检指导案例"两个栏目提供最高人民法院和最高人民检察院指导性案例的全文,为读者提供更多增值服务。

目 录

中华人民共和国农村土地承包法

第一章 总　　则

第 一 条【立法目的】……………………………… 1
★ 第 二 条【农村土地范围】…………………………… 4
★ 第 三 条【农村土地承包经营制度】………………… 8
第 四 条【农村土地承包后土地所有权性质不变】… 14
第 五 条【承包权的主体及对承包权的保护】……… 16
第 六 条【土地承包经营权男女平等】……………… 21
第 七 条【公开、公平、公正原则】………………… 22
第 八 条【集体土地所有者和承包方合法权益的保护】…… 22
第 九 条【"三权"分置】…………………………… 24
第 十 条【土地经营权流转的保护】………………… 25
第十一条【土地资源的保护】………………………… 27
第十二条【土地承包管理部门】……………………… 29

第二章　家庭承包

第一节　发包方和承包方的权利和义务

★ 第十三条【发包主体】……………………………… 37
第十四条【发包方的权利】…………………………… 39
★ 第十五条【发包方的义务】………………………… 40
第十六条【承包主体和家庭成员平等享有权益】…… 43

1

★ 第十七条【承包方的权利】……………………………… 48
　第十八条【承包方的义务】……………………………… 57

　第二节　承包的原则和程序

　第十九条【土地承包的原则】…………………………… 61
★ 第二十条【土地承包的程序】…………………………… 65

　第三节　承包期限和承包合同

　第二十一条【承包期限】………………………………… 67
　第二十二条【承包合同】………………………………… 68
　第二十三条【承包合同的生效】………………………… 72
★ 第二十四条【土地承包经营权登记】…………………… 73
　第二十五条【承包合同的稳定性】……………………… 78
　第二十六条【严禁国家机关及其工作人员利用职权干涉
　　　　　　　农村土地承包或者变更、解除承包合同】…… 81

　第四节　土地承包经营权的保护和互换、转让

★ 第二十七条【承包期内承包地的交回和收回】………… 82
　第二十八条【承包期内承包地的调整】………………… 88
　第二十九条【用于调整承包土地或者承包给新增人口的
　　　　　　　土地】……………………………………… 91
　第 三十 条【承包期内承包方自愿将承包地交回发包方
　　　　　　　的处理】…………………………………… 92
　第三十一条【妇女婚姻关系变动对土地承包的影响】… 95
★ 第三十二条【承包收益和林地承包权的继承】………… 98
　第三十三条【土地承包经营权的互换】………………… 98
　第三十四条【土地承包经营权的转让】………………… 99
　第三十五条【土地承包经营权互换、转让的登记】…… 101

第五节 土地经营权

第三十六条【土地经营权设立】………… 106

第三十七条【土地经营权人的基本权利】…… 111

★ 第三十八条【土地经营权流转的原则】………… 111

第三十九条【土地经营权流转价款】………… 124

★ 第 四 十 条【土地经营权流转合同】………… 125

第四十一条【土地经营权流转的登记】………… 128

第四十二条【土地经营权流转合同单方解除权】…… 128

第四十三条【土地经营权受让方依法投资并获得补偿】… 128

第四十四条【承包方流转土地经营权后与发包方承包关
系不变】………………………………… 128

第四十五条【建立社会资本取得土地经营权的资格审查
等制度】………………………………… 128

第四十六条【土地经营权的再流转】………… 129

第四十七条【土地经营权融资担保】………… 129

第三章 其他方式的承包

第四十八条【其他承包方式】………… 129

第四十九条【以其他方式承包农村土地时承包合同的
签订】………………………………… 130

第 五 十 条【荒山、荒沟、荒丘、荒滩等的承包经营
方式】………………………………… 134

第五十一条【本集体经济组织成员有权优先承包】…… 136

★ 第五十二条【将农村土地发包给本集体经济组织以外的
单位或者个人承包的程序】………… 136

第五十三条【以其他方式承包农村土地后，土地经营权
的流转】………………………………… 138

3

第五十四条【以其他方式取得的土地承包经营权的
继承】 ················· 139

第四章 争议的解决和法律责任

★ 第五十五条【土地承包经营纠纷的解决方式】 ········ 140
第五十六条【侵害土地承包经营权、土地经营权应当承
担民事责任】 ················ 183
第五十七条【发包方的民事责任】 ············ 185
第五十八条【承包合同中无效的约定】 ········· 189
★ 第五十九条【违约责任】 ················ 190
第 六 十 条【无效的土地承包经营权互换、转让或土地
经营权流转】 ················ 193
第六十一条【擅自截留、扣缴土地承包经营权互换、转
让或土地经营权流转收益的处理】 ········ 194
第六十二条【非法征收、征用、占用土地或者贪污、挪
用土地征收、征用补偿费用的法律责任】 ··· 195
第六十三条【违法将承包地用于非农建设或者给承包地
造成永久性损害的法律责任】 ········ 197
第六十四条【土地经营权人的民事责任】 ········ 198
第六十五条【国家机关及其工作人员利用职权侵害土地
承包经营权、土地经营权行为的法律责任】 ··· 198

第五章 附 则

第六十六条【本法实施前的农村土地承包继续有效】 ······ 204
第六十七条【机动地的预留】 ············· 204
第六十八条【实施办法的制定】 ············ 206
第六十九条【农村集体经济组织成员身份的确认】 ······ 208

第七十条【施行时间】 …… 210

附录一

农村土地承包仲裁委员会示范章程 …… 211
农村土地经营权出租合同（示范文本） …… 214
农村土地经营权入股合同（示范文本） …… 223
农村土地（耕地）承包合同（家庭承包方式）示范文本 …… 232

附录二

本书所涉文件目录 …… 239

案例索引目录

- 姬某1诉姬某2等土地承包经营权案……………………… 20
- 王某存、任某侠诉某村七组果园承包合同纠纷案 ……… 42
- 李某祥诉李某梅继承权纠纷案 …………………………… 47
- 宋某某与臧某某排除妨害纠纷案 ………………………… 47
- 农村土地承包经营权不能作为遗产继承，该户其他成员继续享有承包经营权——农某一、凌某、农某二、农某三、农某四诉农某五法定继承纠纷案 ………………… 48
- 某村村民委员会与刘某某承包地征收补偿费用分配纠纷案 ………………………………………………………… 56
- 曹某某、张某甲诉张某乙、张某丙、张某丁、张某戊所有权确认纠纷案 …………………………………………… 57
- 路某坡诉茌平县冯屯镇某村村民委员会、第三人路某成承包地征收补偿费用分配纠纷案 ………………………… 73
- 某村村民委员会诉某管委会等拖欠征地款纠纷案 ……… 82
- 陈某棕诉某村一组、某村村民委员会征地补偿款分配纠纷案 ………………………………………………………… 87
- 王淑荣与何福云、王喜胜等农村土地承包经营权纠纷案 …… 87
- 巴某甲与巴某乙、巴某丙等人农村土地承包经营权纠纷支持起诉案 ……………………………………………… 97
- 房某某诉杨某某、车某某土地承包经营权合同纠纷案 ……… 106
- 郯城县泉源镇后某村诉宋某财、王某明土地承包经营权合同纠纷案 ……………………………………………… 111

1

中华人民共和国农村土地承包法

（2002年8月29日第九届全国人民代表大会常务委员会第二十九次会议通过　根据2009年8月27日第十一届全国人民代表大会常务委员会第十次会议《关于修改部分法律的决定》第一次修正　根据2018年12月29日第十三届全国人民代表大会常务委员会第七次会议《关于修改〈中华人民共和国农村土地承包法〉的决定》第二次修正）

目　　录

第一章　总　　则

第二章　家庭承包

　　第一节　发包方和承包方的权利和义务

　　第二节　承包的原则和程序

　　第三节　承包期限和承包合同

　　第四节　土地承包经营权的保护和互换、转让

　　第五节　土地经营权

第三章　其他方式的承包

第四章　争议的解决和法律责任

第五章　附　　则

第一章　总　　则

第一条　**立法目的**①

为了巩固和完善以家庭承包经营为基础、统分结合的双层经营体制，保持农村土地承包关系稳定并长久不变，维护

---

①　条文主旨为编者所加，下同。

农村土地承包经营当事人的合法权益，促进农业、农村经济发展和农村社会和谐稳定，根据宪法，制定本法。

● 宪 法

1. 《宪法》(2018 年 3 月 11 日)①

第 8 条　农村集体经济组织实行家庭承包经营为基础、统分结合的双层经营体制。农村中的生产、供销、信用、消费等各种形式的合作经济，是社会主义劳动群众集体所有制经济。参加农村集体经济组织的劳动者，有权在法律规定的范围内经营自留地、自留山、家庭副业和饲养自留畜。

城镇中的手工业、工业、建筑业、运输业、商业、服务业等行业的各种形式的合作经济，都是社会主义劳动群众集体所有制经济。

国家保护城乡集体经济组织的合法的权利和利益，鼓励、指导和帮助集体经济的发展。

● 法 律

2. 《土地管理法》(2019 年 8 月 26 日)

第 13 条　农民集体所有和国家所有依法由农民集体使用的耕地、林地、草地，以及其他依法用于农业的土地，采取农村集体经济组织内部的家庭承包方式承包，不宜采取家庭承包方式的荒山、荒沟、荒丘、荒滩等，可以采取招标、拍卖、公开协商等方式承包，从事种植业、林业、畜牧业、渔业生产。家庭承包的耕地的承包期为三十年，草地的承包期为三十年至五十年，林地的承包期为三十年至七十年；耕地承包期届满后再延长三十年，草地、林地承包期届满后依法相应延长。

---

① 本书法律文件使用简称，以下不再标注。本书所标规范性文件的日期为该文件的通过、发布、修改后公布日期之一。以下不再标注。

国家所有依法用于农业的土地可以由单位或者个人承包经营，从事种植业、林业、畜牧业、渔业生产。

发包方和承包方应当依法订立承包合同，约定双方的权利和义务。承包经营土地的单位和个人，有保护和按照承包合同约定的用途合理利用土地的义务。

3.《农业法》(2012年12月28日)

第10条 国家实行农村土地承包经营制度，依法保障农村土地承包关系的长期稳定，保护农民对承包土地的使用权。

农村土地承包经营的方式、期限、发包方和承包方的权利义务、土地承包经营权的保护和流转等，适用《土地管理法》和《农村土地承包法》。

农村集体经济组织应当在家庭承包经营的基础上，依法管理集体资产，为其成员提供生产、技术、信息等服务，组织合理开发、利用集体资源，壮大经济实力。

4.《草原法》(2021年4月29日)

第13条 集体所有的草原或者依法确定给集体经济组织使用的国家所有的草原，可以由本集体经济组织内的家庭或者联户承包经营。

在草原承包经营期内，不得对承包经营者使用的草原进行调整；个别确需适当调整的，必须经本集体经济组织成员的村（牧）民会议三分之二以上成员或者三分之二以上村（牧）民代表的同意，并报乡（镇）人民政府和县级人民政府草原行政主管部门批准。

集体所有的草原或者依法确定给集体经济组织使用的国家所有的草原由本集体经济组织以外的单位或者个人承包经营的，必须经本集体经济组织成员的村（牧）民会议三分之二以上成员或者三分之二以上村（牧）民代表的同意，并报乡（镇）人民政府批准。

第二条 农村土地范围

本法所称农村土地,是指农民集体所有和国家所有依法由农民集体使用的耕地、林地、草地,以及其他依法用于农业的土地。

● 宪 法

1. 《宪法》(2018 年 3 月 11 日)

第 10 条 城市的土地属于国家所有。

农村和城市郊区的土地,除由法律规定属于国家所有的以外,属于集体所有;宅基地和自留地、自留山,也属于集体所有。

国家为了公共利益的需要,可以依照法律规定对土地实行征收或者征用并给予补偿。

任何组织或者个人不得侵占、买卖或者以其他形式非法转让土地。土地的使用权可以依照法律的规定转让。

一切使用土地的组织和个人必须合理地利用土地。

● 法 律

2. 《民法典》(2020 年 5 月 28 日)

第 250 条 森林、山岭、草原、荒地、滩涂等自然资源,属于国家所有,但是法律规定属于集体所有的除外。

第 260 条 集体所有的不动产和动产包括:

(一)法律规定属于集体所有的土地和森林、山岭、草原、荒地、滩涂;

(二)集体所有的建筑物、生产设施、农田水利设施;

(三)集体所有的教育、科学、文化、卫生、体育等设施;

(四)集体所有的其他不动产和动产。

第 261 条 农民集体所有的不动产和动产,属于本集体成员集体所有。

下列事项应当依照法定程序经本集体成员决定：

（一）土地承包方案以及将土地发包给本集体以外的组织或者个人承包；

（二）个别土地承包经营权人之间承包地的调整；

（三）土地补偿费等费用的使用、分配办法；

（四）集体出资的企业的所有权变动等事项；

（五）法律规定的其他事项。

第262条　对于集体所有的土地和森林、山岭、草原、荒地、滩涂等，依照下列规定行使所有权：

（一）属于村农民集体所有的，由村集体经济组织或者村民委员会依法代表集体行使所有权；

（二）分别属于村内两个以上农民集体所有的，由村内各该集体经济组织或者村民小组依法代表集体行使所有权；

（三）属于乡镇农民集体所有的，由乡镇集体经济组织代表集体行使所有权。

第263条　城镇集体所有的不动产和动产，依照法律、行政法规的规定由本集体享有占有、使用、收益和处分的权利。

第264条　农村集体经济组织或者村民委员会、村民小组应当依照法律、行政法规以及章程、村规民约向本集体成员公布集体财产的状况。集体成员有权查阅、复制相关资料。

第265条　集体所有的财产受法律保护，禁止任何组织或者个人侵占、哄抢、私分、破坏。

农村集体经济组织、村民委员会或者其负责人作出的决定侵害集体成员合法权益的，受侵害的集体成员可以请求人民法院予以撤销。

3.《**土地管理法**》（2019年8月26日）

第4条　国家实行土地用途管制制度。

国家编制土地利用总体规划，规定土地用途，将土地分为农用地、建设用地和未利用地。严格限制农用地转为建设用地，控制建设用地总量，对耕地实行特殊保护。

前款所称农用地是指直接用于农业生产的土地，包括耕地、林地、草地、农田水利用地、养殖水面等；建设用地是指建造建筑物、构筑物的土地，包括城乡住宅和公共设施用地、工矿用地、交通水利设施用地、旅游用地、军事设施用地等；未利用地是指农用地和建设用地以外的土地。

使用土地的单位和个人必须严格按照土地利用总体规划确定的用途使用土地。

第9条 城市市区的土地属于国家所有。

农村和城市郊区的土地，除由法律规定属于国家所有的以外，属于农民集体所有；宅基地和自留地、自留山，属于农民集体所有。

第10条 国有土地和农民集体所有的土地，可以依法确定给单位或者个人使用。使用土地的单位和个人，有保护、管理和合理利用土地的义务。

第11条 农民集体所有的土地依法属于村农民集体所有的，由村集体经济组织或者村民委员会经营、管理；已经分别属于村内两个以上农村集体经济组织的农民集体所有的，由村内各该农村集体经济组织或者村民小组经营、管理；已经属于乡（镇）农民集体所有的，由乡（镇）农村集体经济组织经营、管理。

4.《森林法》（2019年12月28日）

第14条 森林资源属于国家所有，由法律规定属于集体所有的除外。

国家所有的森林资源的所有权由国务院代表国家行使。国务院可以授权国务院自然资源主管部门统一履行国有森林资源所有者职责。

第15条 林地和林地上的森林、林木的所有权、使用权，由不动产登记机构统一登记造册，核发证书。国务院确定的国家重点林区（以下简称重点林区）的森林、林木和林地，由国务院自然资源主管部门负责登记。

森林、林木、林地的所有者和使用者的合法权益受法律保护，任何组织和个人不得侵犯。

森林、林木、林地的所有者和使用者应当依法保护和合理利用森林、林木、林地，不得非法改变林地用途和毁坏森林、林木、林地。

5. 《草原法》（2021年4月29日）

第9条　草原属于国家所有，由法律规定属于集体所有的除外。国家所有的草原，由国务院代表国家行使所有权。

任何单位或者个人不得侵占、买卖或者以其他形式非法转让草原。

第10条　国家所有的草原，可以依法确定给全民所有制单位、集体经济组织等使用。

使用草原的单位，应当履行保护、建设和合理利用草原的义务。

● 司法解释及文件

6. 《最高人民法院关于国有土地开荒后用于农耕的土地使用权转让合同纠纷案件如何适用法律问题的批复》（2020年12月29日）

开荒后用于农耕而未交由农民集体使用的国有土地，不属于《中华人民共和国农村土地承包法》第二条规定的农村土地。此类土地使用权的转让，不适用《中华人民共和国农村土地承包法》的规定，应适用《中华人民共和国民法典》和《中华人民共和国土地管理法》等相关法律规定加以规范。

对于国有土地开荒后用于农耕的土地使用权转让合同，不违反法律、行政法规的强制性规定的，当事人仅以转让方未取得土地使用权证书为由请求确认合同无效的，人民法院依法不予支持；当事人根据合同约定主张对方当事人履行办理土地使用权证书义务的，人民法院依法应予支持。

● **地方性法规及文件**

7.《湖北省农村土地承包经营条例》（2012 年 7 月 27 日）

第 61 条　自留地、自留山是集体所有由农户长期占有、使用、收益的农用地，视为家庭承包地。

> **第三条** 农村土地承包经营制度
>
> 国家实行农村土地承包经营制度。
> 农村土地承包采取农村集体经济组织内部的家庭承包方式，不宜采取家庭承包方式的荒山、荒沟、荒丘、荒滩等农村土地，可以采取招标、拍卖、公开协商等方式承包。

● **法　律**

1.《土地管理法》（2019 年 8 月 26 日）

第 13 条　农民集体所有和国家所有依法由农民集体使用的耕地、林地、草地，以及其他依法用于农业的土地，采取农村集体经济组织内部的家庭承包方式承包，不宜采取家庭承包方式的荒山、荒沟、荒丘、荒滩等，可以采取招标、拍卖、公开协商等方式承包，从事种植业、林业、畜牧业、渔业生产。家庭承包的耕地的承包期为三十年，草地的承包期为三十年至五十年，林地的承包期为三十年至七十年；耕地承包期届满后再延长三十年，草地、林地承包期届满后依法相应延长。

国家所有依法用于农业的土地可以由单位或者个人承包经营，从事种植业、林业、畜牧业、渔业生产。

发包方和承包方应当依法订立承包合同，约定双方的权利和义务。承包经营土地的单位和个人，有保护和按照承包合同约定的用途合理利用土地的义务。

2.《村民委员会组织法》（2018年12月29日）

第8条 村民委员会应当支持和组织村民依法发展各种形式的合作经济和其他经济，承担本村生产的服务和协调工作，促进农村生产建设和经济发展。

村民委员会依照法律规定，管理本村属于村农民集体所有的土地和其他财产，引导村民合理利用自然资源，保护和改善生态环境。

村民委员会应当尊重并支持集体经济组织依法独立进行经济活动的自主权，维护以家庭承包经营为基础、统分结合的双层经营体制，保障集体经济组织和村民、承包经营户、联户或者合伙的合法财产权和其他合法权益。

3.《农业法》（2012年12月28日）

第5条 国家坚持和完善公有制为主体、多种所有制经济共同发展的基本经济制度，振兴农村经济。

国家长期稳定农村以家庭承包经营为基础、统分结合的双层经营体制，发展社会化服务体系，壮大集体经济实力，引导农民走共同富裕的道路。

国家在农村坚持和完善以按劳分配为主体、多种分配方式并存的分配制度。

第10条 国家实行农村土地承包经营制度，依法保障农村土地承包关系的长期稳定，保护农民对承包土地的使用权。

农村土地承包经营的方式、期限、发包方和承包方的权利义务、土地承包经营权的保护和流转等，适用《土地管理法》和《农村土地承包法》。

农村集体经济组织应当在家庭承包经营的基础上，依法管理集体资产，为其成员提供生产、技术、信息等服务，组织合理开发、利用集体资源，壮大经济实力。

4. 《拍卖法》（2015 年 4 月 24 日）

第 3 条 拍卖是指以公开竞价的形式，将特定物品或者财产权利转让给最高应价者的买卖方式。

第 4 条 拍卖活动应当遵守有关法律、行政法规，遵循公开、公平、公正、诚实信用的原则。

5. 《民法典》（2020 年 5 月 28 日）

第 342 条 通过招标、拍卖、公开协商等方式承包农村土地，经依法登记取得权属证书的，可以依法采取出租、入股、抵押或者其他方式流转土地经营权。

6. 《招标投标法》（2017 年 12 月 27 日）

第 3 条 在中华人民共和国境内进行下列工程建设项目包括项目的勘察、设计、施工、监理以及与工程建设有关的重要设备、材料等的采购，必须进行招标：

（一）大型基础设施、公用事业等关系社会公共利益、公众安全的项目；

（二）全部或者部分使用国有资金投资或者国家融资的项目；

（三）使用国际组织或者外国政府贷款、援助资金的项目。

前款所列项目的具体范围和规模标准，由国务院发展计划部门会同国务院有关部门制订，报国务院批准。

法律或者国务院对必须进行招标的其他项目的范围有规定的，依照其规定。

第 8 条 招标人是依照本法规定提出招标项目、进行招标的法人或者其他组织。

第 9 条 招标项目按照国家有关规定需要履行项目审批手续的，应当先履行审批手续，取得批准。

招标人应当有进行招标项目的相应资金或者资金来源已经落实，并应当在招标文件中如实载明。

第 10 条 招标分为公开招标和邀请招标。

公开招标，是指招标人以招标公告的方式邀请不特定的法人或者其他组织投标。

邀请招标，是指招标人以投标邀请书的方式邀请特定的法人或者其他组织投标。

第11条　国务院发展计划部门确定的国家重点项目和省、自治区、直辖市人民政府确定的地方重点项目不适宜公开招标的，经国务院发展计划部门或者省、自治区、直辖市人民政府批准，可以进行邀请招标。

第12条　招标人有权自行选择招标代理机构，委托其办理招标事宜。任何单位和个人不得以任何方式为招标人指定招标代理机构。

招标人具有编制招标文件和组织评标能力的，可以自行办理招标事宜。任何单位和个人不得强制其委托招标代理机构办理招标事宜。

依法必须进行招标的项目，招标人自行办理招标事宜的，应当向有关行政监督部门备案。

第13条　招标代理机构是依法设立、从事招标代理业务并提供相关服务的社会中介组织。

招标代理机构应当具备下列条件：

（一）有从事招标代理业务的营业场所和相应资金；

（二）有能够编制招标文件和组织评标的相应专业力量。

第14条　招标代理机构与行政机关和其他国家机关不得存在隶属关系或者其他利益关系。

第15条　招标代理机构应当在招标人委托的范围内办理招标事宜，并遵守本法关于招标人的规定。

第16条　招标人采用公开招标方式的，应当发布招标公告。依法必须进行招标的项目的招标公告，应当通过国家指定的报刊、信息网络或者其他媒介发布。

招标公告应当载明招标人的名称和地址、招标项目的性质、数量、实施地点和时间以及获取招标文件的办法等事项。

第17条 招标人采用邀请招标方式的，应当向三个以上具备承担招标项目的能力、资信良好的特定的法人或者其他组织发出投标邀请书。

投标邀请书应当载明本法第十六条第二款规定的事项。

第18条 招标人可以根据招标项目本身的要求，在招标公告或者投标邀请书中，要求潜在投标人提供有关资质证明文件和业绩情况，并对潜在投标人进行资格审查；国家对投标人的资格条件有规定的，依照其规定。

招标人不得以不合理的条件限制或者排斥潜在投标人，不得对潜在投标人实行歧视待遇。

第19条 招标人应当根据招标项目的特点和需要编制招标文件。招标文件应当包括招标项目的技术要求、对投标人资格审查的标准、投标报价要求和评标标准等所有实质性要求和条件以及拟签订合同的主要条款。

国家对招标项目的技术、标准有规定的，招标人应当按照其规定在招标文件中提出相应要求。

招标项目需要划分标段、确定工期的，招标人应当合理划分标段、确定工期，并在招标文件中载明。

第20条 招标文件不得要求或者标明特定的生产供应者以及含有倾向或者排斥潜在投标人的其他内容。

第21条 招标人根据招标项目的具体情况，可以组织潜在投标人踏勘项目现场。

第22条 招标人不得向他人透露已获取招标文件的潜在投标人的名称、数量以及可能影响公平竞争的有关招标投标的其他情况。

招标人设有标底的，标底必须保密。

第23条　招标人对已发出的招标文件进行必要的澄清或者修改的,应当在招标文件要求提交投标文件截止时间至少十五日前,以书面形式通知所有招标文件收受人。该澄清或者修改的内容为招标文件的组成部分。

第24条　招标人应当确定投标人编制投标文件所需要的合理时间;但是,依法必须进行招标的项目,自招标文件开始发出之日起至投标人提交投标文件截止之日止,最短不得少于二十日。

● 司法解释及文件

7.《最高人民法院关于审理涉及农村土地承包纠纷案件适用法律问题的解释》(2020年12月29日)

第1条　下列涉及农村土地承包民事纠纷,人民法院应当依法受理:

(一)承包合同纠纷;

(二)承包经营权侵权纠纷;

(三)土地经营权侵权纠纷;

(四)承包经营权互换、转让纠纷;

(五)土地经营权流转纠纷;

(六)承包地征收补偿费用分配纠纷;

(七)承包经营权继承纠纷;

(八)土地经营权继承纠纷。

农村集体经济组织成员因未实际取得土地承包经营权提起民事诉讼的,人民法院应当告知其向有关行政主管部门申请解决。

农村集体经济组织成员就用于分配的土地补偿费数额提起民事诉讼的,人民法院不予受理。

● 地方性法规及文件

8.《湖北省农村土地承包经营条例》(2012年7月27日)

第7条　土地承包经营权通过承包方式取得,但法律另有规定的除外。

土地承包采取农村集体经济组织内部的家庭承包方式。不宜采取家庭承包方式的荒山、荒沟、荒丘、荒滩等农村土地，采取招标、拍卖、公开协商等方式承包。

第四条 农村土地承包后土地所有权性质不变

农村土地承包后，土地的所有权性质不变。承包地不得买卖。

● 法　律

1. 《民法典》（2020 年 5 月 28 日）

第 399 条　下列财产不得抵押：

（一）土地所有权；

（二）宅基地、自留地、自留山等集体所有土地的使用权，但是法律规定可以抵押的除外；

（三）学校、幼儿园、医疗机构等为公益目的成立的非营利法人的教育设施、医疗卫生设施和其他公益设施；

（四）所有权、使用权不明或者有争议的财产；

（五）依法被查封、扣押、监管的财产；

（六）法律、行政法规规定不得抵押的其他财产。

第 418 条　以集体所有土地的使用权依法抵押的，实现抵押权后，未经法定程序，不得改变土地所有权的性质和土地用途。

2. 《土地管理法》（2019 年 8 月 26 日）

第 12 条　土地的所有权和使用权的登记，依照有关不动产登记的法律、行政法规执行。

依法登记的土地的所有权和使用权受法律保护，任何单位和个人不得侵犯。

第 63 条　土地利用总体规划、城乡规划确定为工业、商业等经营性用途，并经依法登记的集体经营性建设用地，土地所有权人可以通过出让、出租等方式交由单位或者个人使用，并应当签订书面合同，载明土地界址、面积、动工期限、使用期限、土地用途、规划条件和双方其他权利义务。

前款规定的集体经营性建设用地出让、出租等，应当经本集体经济组织成员的村民会议三分之二以上成员或者三分之二以上村民代表的同意。

通过出让等方式取得的集体经营性建设用地使用权可以转让、互换、出资、赠与或者抵押，但法律、行政法规另有规定或者土地所有权人、土地使用权人签订的书面合同另有约定的除外。

集体经营性建设用地的出租，集体建设用地使用权的出让及其最高年限、转让、互换、出资、赠与、抵押等，参照同类用途的国有建设用地执行。具体办法由国务院制定。

3.《森林法》（2019 年 12 月 28 日）

第 14 条　森林资源属于国家所有，由法律规定属于集体所有的除外。

国家所有的森林资源的所有权由国务院代表国家行使。国务院可以授权国务院自然资源主管部门统一履行国有森林资源所有者职责。

第 15 条　林地和林地上的森林、林木的所有权、使用权，由不动产登记机构统一登记造册，核发证书。国务院确定的国家重点林区（以下简称重点林区）的森林、林木和林地，由国务院自然资源主管部门负责登记。

森林、林木、林地的所有者和使用者的合法权益受法律保护，任何组织和个人不得侵犯。

森林、林木、林地的所有者和使用者应当依法保护和合理利用森林、林木、林地，不得非法改变林地用途和毁坏森林、林木、林地。

第16条 国家所有的林地和林地上的森林、林木可以依法确定给林业经营者使用。林业经营者依法取得的国有林地和林地上的森林、林木的使用权，经批准可以转让、出租、作价出资等。具体办法由国务院制定。

林业经营者应当履行保护、培育森林资源的义务，保证国有森林资源稳定增长，提高森林生态功能。

第17条 集体所有和国家所有依法由农民集体使用的林地（以下简称集体林地）实行承包经营的，承包方享有林地承包经营权和承包林地上的林木所有权，合同另有约定的从其约定。承包方可以依法采取出租（转包）、入股、转让等方式流转林地经营权、林木所有权和使用权。

4.《草原法》（2021年4月29日）

第9条 草原属于国家所有，由法律规定属于集体所有的除外。国家所有的草原，由国务院代表国家行使所有权。

任何单位或者个人不得侵占、买卖或者以其他形式非法转让草原。

● 部门规章及文件

5.《农村土地承包合同管理办法》（2023年2月17日 农业农村部令2023年第1号）

第2条 农村土地承包经营应当巩固和完善以家庭承包经营为基础、统分结合的双层经营体制，保持农村土地承包关系稳定并长久不变。农村土地承包经营，不得改变土地的所有权性质。

第五条 承包权的主体及对承包权的保护

农村集体经济组织成员有权依法承包由本集体经济组织发包的农村土地。

任何组织和个人不得剥夺和非法限制农村集体经济组织成员承包土地的权利。

● 法 律

1.《农村集体经济组织法》(2024 年 6 月 28 日)

第 5 条　农村集体经济组织依法代表成员集体行使所有权,履行下列职能:

(一)发包农村土地;

(二)办理农村宅基地申请、使用事项;

(三)合理开发利用和保护耕地、林地、草地等土地资源并进行监督;

(四)使用集体经营性建设用地或者通过出让、出租等方式交由单位、个人使用;

(五)组织开展集体财产经营、管理;

(六)决定集体出资的企业所有权变动;

(七)分配、使用集体收益;

(八)分配、使用集体土地被征收征用的土地补偿费等;

(九)为成员的生产经营提供技术、信息等服务;

(十)支持和配合村民委员会在村党组织领导下开展村民自治;

(十一)支持农村其他经济组织、社会组织依法发挥作用;

(十二)法律法规和农村集体经济组织章程规定的其他职能。

第 11 条　户籍在或者曾经在农村集体经济组织并与农村集体经济组织形成稳定的权利义务关系,以农村集体经济组织成员集体所有的土地等财产为基本生活保障的居民,为农村集体经济组织成员。

2.《民法典》(2020 年 5 月 28 日)

第 55 条　农村集体经济组织的成员,依法取得农村土地承包经营权，从事家庭承包经营的，为农村承包经营户。

第56条　个体工商户的债务，个人经营的，以个人财产承担；家庭经营的，以家庭财产承担；无法区分的，以家庭财产承担。

农村承包经营户的债务，以从事农村土地承包经营的农户财产承担；事实上由农户部分成员经营的，以该部分成员的财产承担。

3.《草原法》（2021年4月29日）

第13条　集体所有的草原或者依法确定给集体经济组织使用的国家所有的草原，可以由本集体经济组织内的家庭或者联户承包经营。

在草原承包经营期内，不得对承包经营者使用的草原进行调整；个别确需适当调整的，必须经本集体经济组织成员的村（牧）民会议三分之二以上成员或者三分之二以上村（牧）民代表的同意，并报乡（镇）人民政府和县级人民政府草原行政主管部门批准。

集体所有的草原或者依法确定给集体经济组织使用的国家所有的草原由本集体经济组织以外的单位或者个人承包经营的，必须经本集体经济组织成员的村（牧）民会议三分之二以上成员或者三分之二以上村（牧）民代表的同意，并报乡（镇）人民政府批准。

● 地方性法规及文件

4.《浙江省军人军属权益保障条例》（2020年9月24日）

第8条　义务兵和士官在服现役期间，入伍前依法取得的农村土地承包经营权，应当保留。

义务兵和初级士官在服现役期间，入伍前是村集体经济组织成员的，其成员资格应当保留。

5.《福建省华侨权益保护条例》（2016年8月1日）

第25条　原户籍在农村的华侨，申请回国定居并在原籍地落户，可以依法申请农村土地承包经营权和宅基地使用权。

6.《江西省军人军属权益保障条例》（2022年7月26日）

第13条第1款　义务兵和士官服现役期间，应当保留其入伍前依法取得的农村土地承包经营权。承包的农村土地被征收、征用或者占用的，应当依法给予补偿。

7.《湖北省农村土地承包经营条例》（2012年7月27日）

第8条　农民集体所有和国家所有依法由农民集体使用的耕地、林地、草地等，依法由农村集体经济组织、村民委员会或者村民小组发包。

农村集体经济组织成员对本集体经济组织发包的农村土地，依法享有平等承包权，以户为单位承包集体土地。

任何组织和个人不得剥夺和非法限制农村集体经济组织成员承包土地的权利。

第9条　符合下列条件之一的人员，为本集体经济组织成员：

（一）世居本地且户籍在本集体经济组织的；

（二）父母双方或者一方为本集体经济组织成员，本人户籍在本集体经济组织的；

（三）因合法的婚姻、收养关系，户籍迁入本集体经济组织的；

（四）根据国家移民政策，户籍迁入本集体经济组织的；

（五）原户籍在本集体经济组织的现役义务兵、符合国家有关规定的士官、高等院校和中等职业技术学校的在校学生；

（六）原户籍在本集体经济组织的正在服刑和其他被依法限制人身自由的人员。

依法保障农村集体经济组织成员对本集体经济组织土地发包承包、征收征用等的知情权、参与权、决策权和监督权。

8.《河北省农村土地承包条例》（2013年7月25日）

第6条　农村土地以家庭承包方式发包时，下列人员享有土地承包权：

（一）原始户籍在本集体经济组织一直未迁出，且为实行家庭联产承包责任制前本集体经济组织的人员或者其直系后代；

（二）因结婚、离婚由农村居民户籍迁入本集体经济组织的人员及子女，以及因合法收养关系迁入本集体经济组织的人员；

（三）根据国家移民政策，迁入本集体经济组织的人员；

（四）符合（一）、（二）、（三）项条件的现役义务兵、初级士官、户籍迁出的大中专院校在校学生、服刑人员；

（五）按照国家有关规定在本集体经济组织落户的军队退役人员、大中专毕业生、刑满释放或者解除劳教人员；

（六）依照法律、行政法规规定，其他有权以家庭承包方式承包土地的人员。

● 案例指引

姬某 1 诉姬某 2 等土地承包经营权案[①]

裁判摘要： 国家对耕地实行统一登记，登记机构向承包方颁发土地承包经营权证并登记造册，确认土地承包经营权。本案中，《农村土地承包经营权证》确认了原告对涉案土地的承包经营权。即原告已经依法享有对涉案土地的承包经营权不受任何组织和个人侵犯的权利。庭审中，四被告辩称该涉案土地 2015 年之前由四被告父亲及四被告耕种，因确权过程中登记错误暂时登记在原告名下，土地承包经营权证存在错误，其经营权证的取得不合法。依据《农村土地承包法》第 5 条"农村集体经济组织成员有权依法承包由本集体经济组织发包的农村土地"之规定，办理经营权证时，四被告的父母、弟弟均已亡故，其承包的涉案土地属于集体所有，应由第九村民小组重新分配给村集体成员。四被告户口迁出涉案土地所在的集

---

① 山东省济宁市中级人民法院（2021）鲁 08 民终 5764 号民事判决书，载中国裁判文书网，https：//wenshu.court.gov.cn，2024 年 12 月 2 日访问。以下同一出处案例不再特别提示。

体经济组织第九村民小组，当然不再是该农村集体经济组织成员，不能成为土地承包经营的主体，故对四被告主张涉案土地存在产权争议本院不予采信。

第六条　土地承包经营权男女平等

> 农村土地承包，妇女与男子享有平等的权利。承包中应当保护妇女的合法权益，任何组织和个人不得剥夺、侵害妇女应当享有的土地承包经营权。①

● 宪　法

1. 《宪法》（2018年3月11日）

第48条　中华人民共和国妇女在政治的、经济的、文化的、社会的和家庭的生活等各方面享有同男子平等的权利。

国家保护妇女的权利和利益，实行男女同工同酬，培养和选拔妇女干部。

● 法　律

2. 《民法典》（2020年5月28日）

第1055条　夫妻在婚姻家庭中地位平等。

3. 《妇女权益保障法》（2022年10月30日）

第53条　国家保障妇女享有与男子平等的财产权利。

第54条　在夫妻共同财产、家庭共有财产关系中，不得侵害妇女依法享有的权益。

第55条　妇女在农村集体经济组织成员身份确认、土地承包经营、集体经济组织收益分配、土地征收补偿安置或者征用补偿以及宅基地使用等方面，享有与男子平等的权利。

---

① 如果已婚妇女或者离婚妇女在新居住地没有获得承包土地，则原发包方不得收回其从原集体经济组织获得的承包土地。

申请农村土地承包经营权、宅基地使用权等不动产登记，应当在不动产登记簿和权属证书上将享有权利的妇女等家庭成员全部列明。征收补偿安置或者征用补偿协议应当将享有相关权益的妇女列入，并记载权益内容。

4.《农村土地承包法》(2018年12月29日）

第57条 发包方有下列行为之一的，应当承担停止侵害、排除妨碍、消除危险、返还财产、恢复原状、赔偿损失等民事责任：

……

（七）剥夺、侵害妇女依法享有的土地承包经营权；

……

● 部门规章及文件

5.《农村土地承包合同管理办法》(2023年2月17日 农业农村部令2023年第1号）

第5条第1款 农村土地承包合同管理应当充分维护农民的财产权益，任何组织和个人不得剥夺和非法限制农村集体经济组织成员承包土地的权利。妇女与男子享有平等的承包农村土地的权利。

第七条 公开、公平、公正原则

农村土地承包应当坚持公开、公平、公正的原则，正确处理国家、集体、个人三者的利益关系。

第八条 集体土地所有者和承包方合法权益的保护

国家保护集体土地所有者的合法权益，保护承包方的土地承包经营权，任何组织和个人不得侵犯。

● 法　律

1. 《土地管理法》（2019 年 8 月 26 日）

　　第 12 条　土地的所有权和使用权的登记，依照有关不动产登记的法律、行政法规执行。

　　依法登记的土地的所有权和使用权受法律保护，任何单位和个人不得侵犯。

2. 《森林法》（2019 年 12 月 28 日）

　　第 15 条　林地和林地上的森林、林木的所有权、使用权，由不动产登记机构统一登记造册，核发证书。国务院确定的国家重点林区（以下简称重点林区）的森林、林木和林地，由国务院自然资源主管部门负责登记。

　　森林、林木、林地的所有者和使用者的合法权益受法律保护，任何组织和个人不得侵犯。

　　森林、林木、林地的所有者和使用者应当依法保护和合理利用森林、林木、林地，不得非法改变林地用途和毁坏森林、林木、林地。

　　第 71 条　违反本法规定，侵害森林、林木、林地的所有者或者使用者的合法权益的，依法承担侵权责任。

3. 《农业法》（2012 年 12 月 28 日）

　　第 7 条　国家保护农民和农业生产经营组织的财产及其他合法权益不受侵犯。

　　各级人民政府及其有关部门应当采取措施增加农民收入，切实减轻农民负担。

　　第 71 条　国家依法征收农民集体所有的土地，应当保护农民和农村集体经济组织的合法权益，依法给予农民和农村集体经济组织征地补偿，任何单位和个人不得截留、挪用征地补偿费用。

4.《草原法》(2021 年 4 月 29 日)

　　第 12 条　依法登记的草原所有权和使用权受法律保护，任何单位或者个人不得侵犯。

● 地方性法规及文件

5.《广东省农村集体资产管理条例》(2016 年 5 月 25 日)

　　第 25 条　农村集体经济组织直接经营农村集体资产的，应当制定经营目标，明确经营责任，促进农村集体资产的保值增值。

　　除法律规定农村土地承包采取农村集体经济组织内部家庭承包外，农村集体资产实行承包、租赁经营的，应当依法采取招标、公开竞投、公开协商等方式确定经营者。禁止非法压价发包或者出租集体资产。

　　第 26 条　农村集体经济组织成员以内部家庭承包方式依法承包、流转、经营由本集体经济组织发包的土地的，依照《中华人民共和国农村土地承包法》和有关法律法规的规定执行。

第九条　"三权"分置

> 承包方承包土地后，享有土地承包经营权，可以自己经营，也可以保留土地承包权，流转其承包地的土地经营权，由他人经营。

● 部门规章及文件

《农村土地承包合同管理办法》(2023 年 2 月 17 日　农业农村部令 2023 年第 1 号)

　　第 5 条第 2 款　承包方承包土地后，享有土地承包经营权，可以自己经营，也可以保留土地承包权，流转其承包地的土地经营权，由他人经营。

第十条　土地经营权流转的保护

　　国家保护承包方依法、自愿、有偿流转土地经营权，保护土地经营权人的合法权益，任何组织和个人不得侵犯。

● 法　律

1.《民法典》（2020年5月28日）

　　第4条　民事主体在民事活动中的法律地位一律平等。

　　第5条　民事主体从事民事活动，应当遵循自愿原则，按照自己的意思设立、变更、终止民事法律关系。

　　第6条　民事主体从事民事活动，应当遵循公平原则，合理确定各方的权利和义务。

　　第7条　民事主体从事民事活动，应当遵循诚信原则，秉持诚实，恪守承诺。

　　第395条　债务人或者第三人有权处分的下列财产可以抵押：

　　（一）建筑物和其他土地附着物；

　　（二）建设用地使用权；

　　（三）海域使用权；

　　（四）生产设备、原材料、半成品、产品；

　　（五）正在建造的建筑物、船舶、航空器；

　　（六）交通运输工具；

　　（七）法律、行政法规未禁止抵押的其他财产。

　　抵押人可以将前款所列财产一并抵押。

2.《草原法》（2021年4月29日）

　　第15条　草原承包经营权受法律保护，可以按照自愿、有偿的原则依法转让。

　　草原承包经营权转让的受让方必须具有从事畜牧业生产的能力，并应当履行保护、建设和按照承包合同约定的用途合理利用草原的义务。

草原承包经营权转让应当经发包方同意。承包方与受让方在转让合同中约定的转让期限，不得超过原承包合同剩余的期限。

● **行政法规及文件**

3. 《**农田水利条例**》（2016年5月17日）

第18条 农田水利工程按照下列规定确定运行维护主体：

（一）政府投资建设的大中型农田水利工程，由县级以上人民政府按照工程管理权限确定的单位负责运行维护，鼓励通过政府购买服务等方式引进社会力量参与运行维护；

（二）政府投资建设或者财政补助建设的小型农田水利工程，按照规定交由受益农村集体经济组织、农民用水合作组织、农民等使用和管理的，由受益者或者其委托的单位、个人负责运行维护；

（三）农村集体经济组织筹资筹劳建设的农田水利工程，由农村集体经济组织或者其委托的单位、个人负责运行维护；

（四）农民或者其他社会力量投资建设的农田水利工程，由投资者或者其委托的单位、个人负责运行维护；

（五）政府与社会力量共同投资建设的农田水利工程，由投资者按照约定确定运行维护主体。

农村土地承包经营权依法流转的，应当同时明确该土地上农田水利工程的运行维护主体。

● **部门规章及文件**

4. 《**农村土地经营权流转管理办法**》（2021年1月26日 农业农村部令2021年第1号）

第3条 土地经营权流转不得损害农村集体经济组织和利害关系人的合法权益，不得破坏农业综合生产能力和农业生态环境，不得改变承包土地的所有权性质及其农业用途，确保农地农用，优先用于粮食生产，制止耕地"非农化"、防止耕地"非粮化"。

第十一条　土地资源的保护

农村土地承包经营应当遵守法律、法规，保护土地资源的合理开发和可持续利用。未经依法批准不得将承包地用于非农建设。

国家鼓励增加对土地的投入，培肥地力，提高农业生产能力。

● 法　律

1.《土地管理法》（2019年8月26日）

第30条　国家保护耕地，严格控制耕地转为非耕地。

国家实行占用耕地补偿制度。非农业建设经批准占用耕地的，按照"占多少，垦多少"的原则，由占用耕地的单位负责开垦与所占用耕地的数量和质量相当的耕地；没有条件开垦或者开垦的耕地不符合要求的，应当按照省、自治区、直辖市的规定缴纳耕地开垦费，专款用于开垦新的耕地。

省、自治区、直辖市人民政府应当制定开垦耕地计划，监督占用耕地的单位按照计划开垦耕地或者按照计划组织开垦耕地，并进行验收。

第33条　国家实行永久基本农田保护制度。下列耕地应当根据土地利用总体规划划为永久基本农田，实行严格保护：

（一）经国务院农业农村主管部门或者县级以上地方人民政府批准确定的粮、棉、油、糖等重要农产品生产基地内的耕地；

（二）有良好的水利与水土保持设施的耕地，正在实施改造计划以及可以改造的中、低产田和已建成的高标准农田；

（三）蔬菜生产基地；

(四) 农业科研、教学试验田；

(五) 国务院规定应当划为永久基本农田的其他耕地。

各省、自治区、直辖市划定的永久基本农田一般应当占本行政区域内耕地的百分之八十以上，具体比例由国务院根据各省、自治区、直辖市耕地实际情况规定。

第 36 条　各级人民政府应当采取措施，引导因地制宜轮作休耕，改良土壤，提高地力，维护排灌工程设施，防止土地荒漠化、盐渍化、水土流失和土壤污染。

2.《民法典》(2020 年 5 月 28 日)

第 244 条　国家对耕地实行特殊保护，严格限制农用地转为建设用地，控制建设用地总量。不得违反法律规定的权限和程序征收集体所有的土地。

第 265 条　集体所有的财产受法律保护，禁止任何组织或者个人侵占、哄抢、私分、破坏。

农村集体经济组织、村民委员会或者其负责人作出的决定侵害集体成员合法权益的，受侵害的集体成员可以请求人民法院予以撤销。

3.《草原法》(2021 年 4 月 29 日)

第 3 条　国家对草原实行科学规划、全面保护、重点建设、合理利用的方针，促进草原的可持续利用和生态、经济、社会的协调发展。

第 4 条　各级人民政府应当加强对草原保护、建设和利用的管理，将草原的保护、建设和利用纳入国民经济和社会发展计划。

各级人民政府应当加强保护、建设和合理利用草原的宣传教育。

第 10 条　国家所有的草原，可以依法确定给全民所有制单位、集体经济组织等使用。

使用草原的单位,应当履行保护、建设和合理利用草原的义务。

第38条 进行矿藏开采和工程建设,应当不占或者少占草原;确需征用或者使用草原的,必须经省级以上人民政府草原行政主管部门审核同意后,依照有关土地管理的法律、行政法规办理建设用地审批手续。

● 地方性法规及文件

4.《湖北省农村土地承包经营条例》(2012年7月27日)

第33条 县级以上人民政府应当按照土地整理规划,因地制宜推进农村土地集中连片整治,提高耕地质量,建设高标准农田,集体经济组织、承包方、流转受让方应当支持、配合。

土地整理不得减少承包户的承包地面积,不得借土地整理收回农户承包地。

第十二条 土地承包管理部门

国务院农业农村、林业和草原主管部门分别依照国务院规定的职责负责全国农村土地承包经营及承包经营合同管理的指导。

县级以上地方人民政府农业农村、林业和草原等主管部门分别依照各自职责,负责本行政区域内农村土地承包经营及承包经营合同管理。

乡(镇)人民政府负责本行政区域内农村土地承包经营及承包经营合同管理。

● 法 律

1.《土地管理法》(2019年8月26日)

第5条 国务院自然资源主管部门统一负责全国土地的管理和监督工作。

县级以上地方人民政府自然资源主管部门的设置及其职责，由省、自治区、直辖市人民政府根据国务院有关规定确定。

2.《森林法》（2019年12月28日）

第9条　国务院林业主管部门主管全国林业工作。县级以上地方人民政府林业主管部门，主管本行政区域的林业工作。

乡镇人民政府可以确定相关机构或者设置专职、兼职人员承担林业相关工作。

3.《农业法》（2012年12月28日）

第9条　各级人民政府对农业和农村经济发展工作统一负责，组织各有关部门和全社会做好发展农业和为发展农业服务的各项工作。

国务院农业行政主管部门主管全国农业和农村经济发展工作，国务院林业行政主管部门和其他有关部门在各自的职责范围内，负责有关的农业和农村经济发展工作。

县级以上地方人民政府各农业行政主管部门负责本行政区域内的种植业、畜牧业、渔业等农业和农村经济发展工作，林业行政主管部门负责本行政区域内的林业工作。县级以上地方人民政府其他有关部门在各自的职责范围内，负责本行政区域内有关的为农业生产经营服务的工作。

4.《草原法》（2021年4月29日）

第8条　国务院草原行政主管部门主管全国草原监督管理工作。

县级以上地方人民政府草原行政主管部门主管本行政区域内草原监督管理工作。

乡（镇）人民政府应当加强对本行政区域内草原保护、建设和利用情况的监督检查，根据需要可以设专职或者兼职人员负责具体监督检查工作。

● 部门规章及文件

5.《**农村土地经营权流转管理办法**》(2021年1月26日 农业农村部令2021年第1号)

第5条 农业农村部负责全国土地经营权流转及流转合同管理的指导。

县级以上地方人民政府农业农村主管(农村经营管理)部门依照职责,负责本行政区域内土地经营权流转及流转合同管理。

乡(镇)人民政府负责本行政区域内土地经营权流转及流转合同管理。

6.《**农村土地承包合同管理办法**》(2023年2月17日 农业农村部令2023年第1号)

第6条 农业农村部负责全国农村土地承包合同管理的指导。

县级以上地方人民政府农业农村主管(农村经营管理)部门负责本行政区域内农村土地承包合同管理。

乡(镇)人民政府负责本行政区域内农村土地承包合同管理。

第21条 承包合同管理工作中形成的,对国家、社会和个人有保存价值的文字、图表、声像、数据等各种形式和载体的材料,应当纳入农村土地承包档案管理。

县级以上地方人民政府农业农村主管(农村经营管理)部门、乡(镇)人民政府农村土地承包管理部门应当制定工作方案、健全档案工作管理制度、落实专项经费、指定工作人员、配备必要设施设备,确保农村土地承包档案完整与安全。

发包方应当将农村土地承包档案纳入村级档案管理。

第22条 承包合同管理工作中产生、使用和保管的数据,包括承包地权属数据、地理信息数据和其他相关数据等,应当纳入农村土地承包数据管理。

县级以上地方人民政府农业农村主管（农村经营管理）部门负责本行政区域内农村土地承包数据的管理，组织开展数据采集、使用、更新、保管和保密等工作，并向上级业务主管部门提交数据。

鼓励县级以上地方人民政府农业农村主管（农村经营管理）部门通过数据交换接口、数据抄送等方式与相关部门和机构实现承包合同数据互通共享，并明确使用、保管和保密责任。

第 23 条　县级以上地方人民政府农业农村主管（农村经营管理）部门应当加强农村土地承包合同管理信息化建设，按照统一标准和技术规范建立国家、省、市、县等互联互通的农村土地承包信息应用平台。

第 24 条　县级以上地方人民政府农业农村主管（农村经营管理）部门、乡（镇）人民政府农村土地承包管理部门应当利用农村土地承包信息应用平台，组织开展承包合同网签。

第 25 条　承包方、利害关系人有权依法查询、复制农村土地承包档案和农村土地承包数据的相关资料，发包方、乡（镇）人民政府农村土地承包管理部门、县级以上地方人民政府农业农村主管（农村经营管理）部门应当依法提供。

7.《农村土地承包数据管理办法（试行）》（2020 年 5 月 18 日农办政改〔2020〕8 号）

第 1 条　为规范全国各级农村土地承包数据的保管、更新、使用和安全保密等工作，根据有关法律法规和文件要求，制定本办法。

第 2 条　本办法所称农村土地承包数据，是指各级农业农村部门（或农村经营管理部门）在承包地管理和日常工作中产生、使用和保管的数据，包括承包地权属数据、地理信息数据和其他相关数据等。

第 3 条　县级以上农业农村部门（或农村经营管理部门）负

责本级农村土地承包数据的管理，建立健全规章制度，明确专人负责，确保数据安全规范使用。

第4条　农村土地承包数据管理工作按照统一部署、分级管理的原则组织实施。

第5条　县级以上农业农村部门（或农村经营管理部门）负责本级农村土地承包数据的保管与更新，可自行或通过购买服务等方式委托具有涉密信息系统集成资质的其他单位承担数据保管与更新的具体工作。

第6条　农村土地承包数据保管单位应当按照国家有关数据安全和保密管理的规定和要求，配备数据存储和管理等必要的软硬件设施并做好相关运行维护。

第7条　农村土地承包数据保管单位应当建立健全保管制度，明确具体责任人。建立数据备份机制，结合工作实际定期对数据进行备份，防止数据损毁或丢失。严禁任何单位或个人擅自复制、更改和删除数据。

第8条　县级以上农业农村部门（或农村经营管理部门）负责组织开展本级农村土地承包数据的更新工作，建立数据更新机制，做好历史数据管理，并按规定向上级业务主管部门提交更新数据。

第9条　县级以上农业农村部门（或农村经营管理部门）负责本级农村土地承包数据的使用管理。按照有关规定，通过数据交换接口、数据抄送等方式与相关部门和机构实现数据互通共享。承包农户、利害关系人可以依法查询、复制相关资料。

第10条　县级以上农业农村部门（或农村经营管理部门）和数据保管单位应当加强数据使用监管，对农村土地承包数据的使用情况进行登记。

第11条　县级以上农业农村部门（或农村经营管理部门）应当充分利用农村土地承包数据，提升农村承包地管理信息化水平。鼓励有条件的地方依法拓展农村土地承包数据应用范围。

第12条 农村土地承包数据定密工作应当遵守国家保密相关法律法规，按照定密权限和定密程序进行。农业农村部负责对汇总的全国农村土地承包数据进行定密，省级农业农村部门负责组织开展本行政区域内农村土地承包数据的定密工作。

第13条 农村土地承包数据定密应当依照国家保密相关法律法规和《农业工作国家秘密范围的规定》《测绘管理工作国家秘密范围的规定》等保密事项范围，确定密级、保密期限和知悉范围等。

第14条 各级农业农村部门（或农村经营管理部门）应当依法建立健全保密管理制度，明确具体责任人，加强农村土地承包数据保管、更新和使用的保密管理。

第15条 农村土地承包数据保管单位应当制定应急预案，采取人防和技防相结合的措施，提高应对突发事件能力。发现数据泄密、失密，应当按照相关法律法规要求立即报告主管部门和保密管理部门，并配合做好调查处理。

第16条 对农村土地承包数据管理和使用过程中发生的违法行为，根据相关法律法规的规定予以处罚。构成犯罪的，依法追究刑事责任。

第17条 省级农业农村部门（或农村经营管理部门）应当根据本办法，结合工作实际制定农村土地承包数据管理的具体办法或实施细则。

第18条 本办法自2020年7月1日起实施。

● 地方性法规及文件

8.《陕西省实施〈中华人民共和国农村土地承包法〉办法》（2024年1月12日）

第3条 县级以上人民政府农业农村、林业行政主管部门

（以下统称农村土地承包主管部门）依照各自职责，负责本行政区域内农村土地承包经营及承包经营合同管理。主要职责是：

（一）宣传、贯彻、落实有关农村土地承包经营的法律、法规、规章和政策；

（二）指导农村土地承包合同和流转合同的签订；

（三）监督、检查农村土地承包合同和流转合同的履行；

（四）土地经营权流转市场建设和监督管理；

（五）支持有关调解组织和农村土地承包仲裁委员会依法开展工作；

（六）负责农村土地承包合同和流转合同的档案管理；

（七）做好工商企业等社会资本流转土地经营权风险防范工作；

（八）负责法律、法规、规章规定的其他工作。

县级以上人民政府自然资源行政主管部门负责土地承包经营权登记颁证工作。

乡（镇）人民政府、街道办事处负责本行政区域内的农村土地承包经营及承包经营合同管理。

第 4 条　县级以上人民政府应当健全农村土地承包经营权信息应用平台，完善省、市、县、乡、村五级数据采集、传输、共享和隐私保护机制，提升农村土地承包经营数字化管理水平。

9.《湖北省农村土地承包经营条例》(2012 年 7 月 27 日）

第 2 条　本条例适用于本省行政区域内农村土地承包经营管理活动。

本条例所称农村土地，是指农民集体所有和国家所有依法由农民集体使用的耕地、林地、草地、养殖水面，以及其他依法用于农业的土地。

国有农牧渔良种场的土地承包经营参照本条例执行。

第 5 条　各级人民政府应当加强对农村土地承包工作的领

导。农村土地承包经营管理工作经费应当列入本级财政预算予以保障。

第 6 条 省人民政府农业、林业行政主管部门分别依照职责，负责指导全省农村土地承包经营管理工作。

市、州、县（区）人民政府土地承包经营管理部门、林业行政主管部门分别依照职责，负责本行政区域内的农村土地承包经营管理工作。

县级以上人民政府其他有关部门依照各自职责，做好农村土地承包经营管理相关工作。

乡级人民政府负责本行政区域内农村土地承包经营管理工作。

第 45 条 各级人民政府应当加强土地承包经营权流转管理和指导，建立健全土地承包经营权流转风险防范等各项制度。

土地承包经营管理部门应当建立土地承包经营权流转服务平台，构建完善的流转信息网络，提供流转信息、法律政策咨询、流转基准价格指导、合同签订指导等服务；建立流转合同履行情况的监督检查制度，保证流转合同的严格履行，维护当事人合法权益。

10.《河北省农村土地承包条例》（2013 年 7 月 25 日）

第 3 条 县级以上人民政府应当加强对农村土地承包及承包合同管理工作的领导，依法保护集体土地所有者的合法权益，保护承包方的土地承包经营权，维护农村土地承包关系的长期稳定。

第 4 条 县级以上人民政府农业、林业等农村土地承包管理部门按照各自职责，负责本行政区域内农村土地承包及承包合同管理工作。乡、镇人民政府负责本行政区域内农村土地承包管理工作。

第 17 条 各级人民政府应当加强土地承包经营权流转市场

的建设，建立健全土地承包经营权流转管理服务体系，为土地承包经营权流转各方提供业务指导和服务，推进土地承包经营权依法、有序流转。

各级人民政府应当组织协调有关部门和机构在农业贷款、农业保险等方面，为专业大户、家庭农场、农民合作社和农业产业化企业提供服务，提高农业经营体系的集约化、专业化、组织化、社会化程度。

第 27 条　县级人民政府农业、林业等农村土地承包管理部门和乡、镇人民政府应当建立农村土地承包经营权流转信息库，及时公布农村土地承包经营权流转供求信息。

第二章　家 庭 承 包

第一节　发包方和承包方的权利和义务

第十三条　发包主体

农民集体所有的土地依法属于村农民集体所有的，由村集体经济组织或者村民委员会发包；已经分别属于村内两个以上农村集体经济组织的农民集体所有的，由村内各该农村集体经济组织或者村民小组发包。村集体经济组织或者村民委员会发包的，不得改变村内各集体经济组织农民集体所有的土地的所有权。

国家所有依法由农民集体使用的农村土地，由使用该土地的农村集体经济组织、村民委员会或者村民小组发包。

● 法　律

1. 《**土地管理法**》（2019 年 8 月 26 日）

第 11 条　农民集体所有的土地依法属于村农民集体所有的，

由村集体经济组织或者村民委员会经营、管理；已经分别属于村内两个以上农村集体经济组织的农民集体所有的，由村内各该农村集体经济组织或者村民小组经营、管理；已经属于乡（镇）农民集体所有的，由乡（镇）农村集体经济组织经营、管理。

2. 《民法典》（2020年5月28日）

第261条 农民集体所有的不动产和动产，属于本集体成员集体所有。

下列事项应当依照法定程序经本集体成员决定：

（一）土地承包方案以及将土地发包给本集体以外的组织或者个人承包；

（二）个别土地承包经营权人之间承包地的调整；

（三）土地补偿费等费用的使用、分配办法；

（四）集体出资的企业的所有权变动等事项；

（五）法律规定的其他事项。

3. 《森林法》（2019年12月28日）

第54条 国家严格控制森林年采伐量。省、自治区、直辖市人民政府林业主管部门根据消耗量低于生长量和森林分类经营管理的原则，编制本行政区域的年采伐限额，经征求国务院林业主管部门意见，报本级人民政府批准后公布实施，并报国务院备案。重点林区的年采伐限额，由国务院林业主管部门编制，报国务院批准后公布实施。

4. 《村民委员会组织法》（2018年12月29日）

第8条 村民委员会应当支持和组织村民依法发展各种形式的合作经济和其他经济，承担本村生产的服务和协调工作，促进农村生产建设和经济发展。

村民委员会依照法律规定，管理本村属于村农民集体所有的土地和其他财产，引导村民合理利用自然资源，保护和改善生态环境。

村民委员会应当尊重并支持集体经济组织依法独立进行经济活动的自主权,维护以家庭承包经营为基础、统分结合的双层经营体制,保障集体经济组织和村民、承包经营户、联户或者合伙的合法财产权和其他合法权益。

5.《草原法》(2021年4月29日)

第13条　集体所有的草原或者依法确定给集体经济组织使用的国家所有的草原,可以由本集体经济组织内的家庭或者联户承包经营。

在草原承包经营期内,不得对承包经营者使用的草原进行调整;个别确需适当调整的,必须经本集体经济组织成员的村(牧)民会议三分之二以上成员或者三分之二以上村(牧)民代表的同意,并报乡(镇)人民政府和县级人民政府草原行政主管部门批准。

集体所有的草原或者依法确定给集体经济组织使用的国家所有的草原由本集体经济组织以外的单位或者个人承包经营的,必须经本集体经济组织成员的村(牧)民会议三分之二以上成员或者三分之二以上村(牧)民代表的同意,并报乡(镇)人民政府批准。

6.《农村集体经济组织法》(2024年6月28日)

第19条第3款　设立农村集体经济组织不得改变集体土地所有权。

第十四条　发包方的权利

发包方享有下列权利:

(一)发包本集体所有的或者国家所有依法由本集体使用的农村土地;

(二)监督承包方依照承包合同约定的用途合理利用和保护土地;

(三)制止承包方损害承包地和农业资源的行为;

（四）法律、行政法规规定的其他权利。①

● 法　律

《**土地管理法**》（2019 年 8 月 26 日）

第 38 条　禁止任何单位和个人闲置、荒芜耕地。已经办理审批手续的非农业建设占用耕地，一年内不用而又可以耕种并收获的，应当由原耕种该幅耕地的集体或者个人恢复耕种，也可以由用地单位组织耕种；一年以上未动工建设的，应当按照省、自治区、直辖市的规定缴纳闲置费；连续二年未使用的，经原批准机关批准，由县级以上人民政府无偿收回用地单位的土地使用权；该幅土地原为农民集体所有的，应当交由原农村集体经济组织恢复耕种。

在城市规划区范围内，以出让方式取得土地使用权进行房地产开发的闲置土地，依照《中华人民共和国城市房地产管理法》的有关规定办理。

第十五条　发包方的义务

发包方承担下列义务：

（一）维护承包方的土地承包经营权，不得非法变更、解除承包合同；

（二）尊重承包方的生产经营自主权，不得干涉承包方依法进行正常的生产经营活动；

（三）依照承包合同约定为承包方提供生产、技术、信息等服务；

---

① 基于本条第四项的规定，除了本条前三项规定的权利外，法律、行政法规还可以赋予发包方其他权利。必须注意，只有法律、行政法规可以规定发包方的其他权利，地方性法规、规章不能为发包方规定新的权利。

（四）执行县、乡（镇）土地利用总体规划，组织本集体经济组织内的农业基础设施建设；

（五）法律、行政法规规定的其他义务。

● 法　律

1. 《民法典》（2020 年 5 月 28 日）

第 336 条　承包期内发包人不得调整承包地。

因自然灾害严重毁损承包地等特殊情形，需要适当调整承包的耕地和草地的，应当依照农村土地承包的法律规定办理。

第 337 条　承包期内发包人不得收回承包地。法律另有规定的，依照其规定。

2. 《村民委员会组织法》（2018 年 12 月 29 日）

第 24 条　涉及村民利益的下列事项，经村民会议讨论决定方可办理：

（一）本村享受误工补贴的人员及补贴标准；

（二）从村集体经济所得收益的使用；

（三）本村公益事业的兴办和筹资筹劳方案及建设承包方案；

（四）土地承包经营方案；

（五）村集体经济项目的立项、承包方案；

（六）宅基地的使用方案；

（七）征地补偿费的使用、分配方案；

（八）以借贷、租赁或者其他方式处分村集体财产；

（九）村民会议认为应当由村民会议讨论决定的涉及村民利益的其他事项。

村民会议可以授权村民代表会议讨论决定前款规定的事项。

法律对讨论决定村集体经济组织财产和成员权益的事项另有规定的，依照其规定。

第 30 条　村民委员会实行村务公开制度。

村民委员会应当及时公布下列事项,接受村民的监督:

(一) 本法第二十三条、第二十四条规定的由村民会议、村民代表会议讨论决定的事项及其实施情况;

(二) 国家计划生育政策的落实方案;

(三) 政府拨付和接受社会捐赠的救灾救助、补贴补助等资金、物资的管理使用情况;

(四) 村民委员会协助人民政府开展工作的情况;

(五) 涉及本村村民利益,村民普遍关心的其他事项。

前款规定事项中,一般事项至少每季度公布一次;集体财务往来较多的,财务收支情况应当每月公布一次;涉及村民利益的重大事项应当随时公布。

村民委员会应当保证所公布事项的真实性,并接受村民的查询。

3.《农业法》(2012年12月28日)

第72条 各级人民政府、农村集体经济组织或者村民委员会在农业和农村经济结构调整、农业产业化经营和土地承包经营权流转等过程中,不得侵犯农民的土地承包经营权,不得干涉农民自主安排的生产经营项目,不得强迫农民购买指定的生产资料或者按指定的渠道销售农产品。

● 案例指引

王某存、任某侠诉某村七组果园承包合同纠纷案[①]

裁判摘要:农村承包经营户与农村集体经济组织订立土地承包经营合同,依据土地承包经营合同,农村承包经营户取得了土地承包经营权。发包方违反了有效成立的承包经营合同,应承担主要违约责任,停止侵害承包合同的行为,支付违约金。人民法院应当依法保护原合同的效力,切实保障承包经营权人的权利。同时,发包方也应负侵权责任,负责赔偿因其单方毁约并另发包他人而给原承

---

① 《最高人民法院公报》1990年第3期。

包人造成的经济损失。

> **第十六条** 承包主体和家庭成员平等享有权益
>
> 家庭承包的承包方是本集体经济组织的农户。
> 农户内家庭成员依法平等享有承包土地的各项权益。

● 法 律

1.《民法典》(2020年5月28日)

第55条 农村集体经济组织的成员,依法取得农村土地承包经营权,从事家庭承包经营的,为农村承包经营户。

● 地方性法规及文件

2.《湖南省实施〈中华人民共和国农村土地承包法〉办法》(2021年3月31日)

第6条 农村集体经济组织、村民委员会或者村民小组(以下统称集体组织)采取家庭承包方式对农村土地进行统一发包时,本集体组织的所有成员享有平等的承包权。本集体组织成员自愿放弃承包权的,必须向发包方提出由本人签名或者盖章的书面声明。

第7条 村民委员会发包土地的,承包方案必须经本村村民会议或者村民代表会议三分之二以上成员同意。

农村集体经济组织、村民小组发包土地的,承包方案必须经本集体组织十八周岁以上成员的三分之二以上同意。

第8条 发包方应当与承包方签订书面承包合同。承包合同由发包方、发包方负责人和承包方代表签名或者盖章。

承包合同一式三份,合同双方各执一份,由发包方在合同签订之日起三十日内向乡镇人民政府或者街道办事处备案一份。

省人民政府农村土地承包及承包合同管理机构应当对承包合同文本进行规范。

第9条 承包方自承包合同生效时起取得农村土地承包经营权。

土地承包经营权证、林权证等证书由乡镇人民政府、街道办事处向县级人民政府统一领取，并于领取之日起三十日内向承包方发放。

土地承包经营权证、林权证等证书式样，分别按照国务院农业农村、自然资源主管部门的规定执行。

第10条 承包合同是确定发包方、承包方土地承包关系的凭据，土地承包经营权证、林权证等证书是确认承包方土地经营权的凭证，应当妥善保管。

发包方、乡镇人民政府、街道办事处、县级人民政府农村土地承包及承包合同管理机构应当按照职责分工，确定专人负责承包合同、土地承包经营权证和林权证等证书的登记、建档、保管、查询等工作。

第11条 承包期内，有下列特殊情形之一，需要对个别农户之间承包的耕地和草地适当调整的，应当按照本办法第七条的规定经本集体组织三分之二以上成员同意，并报乡镇人民政府、街道办事处和县级人民政府农村土地承包及承包合同管理机构批准：

（一）承包地因自然灾害严重毁损的；

（二）承包地被依法征收或者征用的；

（三）承包地被乡村公共设施、公益事业建设依法占用的；

（四）法律、法规规定的其他特殊情形。

第12条 承包期内，承包方家庭成员减少、服兵役、升学、服刑，发包方不得收回其承包地。

承包期内，妇女结婚，在新居住地未取得承包地的，发包方不得收回其原承包地；离婚或者丧偶的妇女，仍在原居住地生活或者不在原居住地生活但在新居住地未取得承包地的，发包方不得收回其承包地。

第13条 承包方依法取得的农村土地承包经营权受法律保护，任何组织和个人不得侵犯承包方依法使用承包地、自主组织生产经营、处置产品和取得承包收益的权利。

第14条　承包方有权按照依法、自愿、有偿的原则，采取转包、出租、互换、转让、代耕等方式，进行农村土地承包经营权流转。

任何组织和个人不得妨碍或者强迫承包方进行农村土地承包经营权流转。

第15条　承包方进行农村土地承包经营权流转，承包方或者第三方要求发包方提供协助的，发包方应当提供协助，发包方也可以指导承包方进行农村土地承包经营权流转，但不得违背承包方的意愿，不得截留、扣缴承包方的流转收益。

第16条　承包方之间为发展农业经济，可以自愿联合将土地承包经营权入股，从事农业合作生产。

第17条　农村土地承包经营权采取转让方式流转的，应当经发包方同意，发包方应当在收到承包方的申请后十日内答复；逾期不答复的，视为同意。采取其他方式流转的，由承包方报发包方备案。

第18条　国家为了公共利益的需要依法征收或者征用农村集体所有的土地，必须依法办理征地手续，并依法予以补偿安置。

自然资源主管部门拟定的征地补偿安置方案，应当听取被征地的农村集体组织和农民的意见。被征地的农村集体组织和农民对征地补偿安置方案有权要求举行听证会。征地工作完成后，自然资源主管部门应当将征收或者征用承包地的情况抄告县级人民政府农村土地承包及承包合同管理机构。

禁止随意扩大征收或者征用土地的范围；禁止降低土地补偿安置标准；禁止侵占或者挪用土地补偿安置费用。

第19条　乡村道路、学校、医疗卫生设施等乡村公共设施、公益事业建设需要占用承包地的，应当按照本办法第七条的规定事先经本集体组织三分之二以上成员同意，依法办理有关审批手续，并妥善安置承包方。

第 20 条　有下列情形之一，需要变更承包合同和土地承包经营权证或者林权证等证书的，应当按照本办法第八条、第九条规定的程序办理：

（一）承包方部分交回承包地的；

（二）承包方互换、转让土地承包经营权的；

（三）承包方部分土地依法被征收、征用或者按照本办法第十九条的规定被占用的；

（四）发包方依照法律、法规规定对承包方土地进行调整的。

第 21 条　有下列情形之一的，承包合同解除或者终止，土地承包经营权证或者林权证等证书由颁发机关公告注销作废：

（一）承包方全部交回承包地的；

（二）承包方全部土地依法被征收、征用或者按照本办法第十九条的规定被占用的；

（三）承包林地的承包方家庭全部成员死亡且无继承人，或者承包除林地以外的土地的承包方家庭全部成员死亡的；

（四）承包期满的；

（五）法律、法规规定的其他情形。

承包方在承包期内自愿交回承包土地的，在承包期内不得再要求承包土地。

第 22 条　承包方应当依法保护和合理利用土地，不得改变土地的农业用途；不得占用耕地建窑、建坟或者擅自在耕地上建房、挖砂、采石、采矿等；不得给土地造成永久性损害。

3.《湖北省农村土地承包经营条例》（2012 年 7 月 27 日）

第 14 条　以招标、拍卖、公开协商等方式发包的，发包方应当对承包申请人的资信情况和经营能力进行审查，确认承包资格。

● 案例指引

1. **李某祥诉李某梅继承权纠纷案**①

    裁判摘要：根据《农村土地承包法》第 15 条的规定，农村土地家庭承包的，承包方是本集体经济组织的农户，其本质特征是以本集体经济组织内部的农户家庭为单位实行农村土地承包经营。家庭承包方式的农村土地承包经营权属于农户家庭，而不属于某一个家庭成员。遗产是公民死亡时遗留的个人合法财产。农村土地承包经营权不属于个人财产，故不发生继承问题。除林地外的家庭承包，当承包农地的农户家庭中的一人或几人死亡，承包经营仍然是以户为单位，承包地仍由该农户的其他家庭成员继续承包经营；当承包经营农户家庭的成员全部死亡，由于承包经营权的取得是以集体成员权为基础，该土地承包经营权归于消灭，不能由该农户家庭成员的继承人继续承包经营，更不能作为该农户家庭成员的遗产处理。

2. **宋某某与臧某某排除妨害纠纷案**②

    裁判摘要：土地家庭承包的承包主体是本集体经济组织的农户，农户内家庭成员依法平等享有承包权。与发包方之间签订土地承包合同的是农户。家庭承包为基础的经营方式是我国农村集体经济的基本经营制度。家庭承包，即以农户家庭全体人员为单位承包农村土地。本法所称的农户，是农村中以血缘和婚姻关系为基础组成的农村最基层的社会单位，即《民法典》第 55 条规定的农村承包经营户。虽然发包人将农村土地发包给农户时是按照每户成员的人数来确定承包土地的份额，即"按户承包，按人分地"，但是在签订土地承包合同的时候，是由家庭全体成员的代表以户的名义与发包人签订合同的。在制作土地承包经营权证书时，县级以上地方人民政府应当按照家庭户制作证书并且将承包方家庭的成员情况都填写完整。在家庭承包纠纷诉讼中，承包方是指以家庭承包方式承包本集体经

---

① 《最高人民法院公报》2009 年第 12 期。
② 辽宁省沈阳市中级人民法院（2022）辽 01 民终 17288 号民事判决书。

济组织农村土地的农户以及以其他方式承包农村土地的单位或者个人，并以土地承包经营权证等证书来确认农户身份。

3. **农村土地承包经营权不能作为遗产继承，该户其他成员继续享有承包经营权——农某一、凌某、农某二、农某三、农某四诉农某五法定继承纠纷案**［最高人民法院发布继承纠纷典型案例（第一批）①之四］

裁判摘要：农某与村民小组签订的承包合同的权利人不只是农某本人，还包括凌某和农某五，三人同为一个承包主体。当农某去世后，承包地继续由承包户其他成员继续经营，体现的是国家"增人不增地、减人不减地"的土地承包政策。农某一、农某二、农某三、农某四不是农某承包户成员，无资格取得案涉土地的承包经营权。农某去世后，案涉土地应由承包户剩余的成员凌某、农某五继续经营。凌某、农某一、农某二、农某三、农某四诉请继承土地经营权的主张没有事实和法律依据，遂判决驳回五人的诉讼请求。

典型意义：《农村土地承包法》第16条规定"家庭承包的承包方是本集体经济组织的农户。农户内家庭成员依法平等享有承包土地的各项权益"。农村土地承包经营权应以户为单位取得，在承包户的户主或某成员死亡后，其他成员在承包期内可以继续承包，故农村土地承包经营权不属于死者的遗产，不产生继承问题。本案对农村土地承包经营权的继承问题进行了处理，明确了裁判规则，为此类案件的审理提供了参考和借鉴。

第十七条　承包方的权利

承包方享有下列权利：

（一）依法享有承包地使用、收益的权利，有权自主组织

---

① 《依法妥善审理继承纠纷案件 弘扬互尊互助和谐家风 最高法发布继承纠纷典型案例（第一批）》，载最高人民法院网站，https://www.court.gov.cn/zixun/xiangqing/449131.html，2024年12月3日访问。

生产经营和处置产品；

（二）依法互换、转让土地承包经营权；

（三）依法流转土地经营权；

（四）承包地被依法征收、征用、占用的，有权依法获得相应的补偿；

（五）法律、行政法规规定的其他权利。

● 宪　法

1.《宪法》（2018年3月11日）

第13条　公民的合法的私有财产不受侵犯。

国家依照法律规定保护公民的私有财产权和继承权。

国家为了公共利益的需要，可以依照法律规定对公民的私有财产实行征收或者征用并给予补偿。

● 法　律

2.《土地管理法》（2019年8月26日）

第44条　建设占用土地，涉及农用地转为建设用地的，应当办理农用地转用审批手续。

永久基本农田转为建设用地的，由国务院批准。

在土地利用总体规划确定的城市和村庄、集镇建设用地规模范围内，为实施该规划而将永久基本农田以外的农用地转为建设用地的，按土地利用年度计划分批次按照国务院规定由原批准土地利用总体规划的机关或者其授权的机关批准。在已批准的农用地转用范围内，具体建设项目用地可以由市、县人民政府批准。

在土地利用总体规划确定的城市和村庄、集镇建设用地规模范围外，将永久基本农田以外的农用地转为建设用地的，由国务院或者国务院授权的省、自治区、直辖市人民政府批准。

第45条　为了公共利益的需要，有下列情形之一，确需征收农民集体所有的土地的，可以依法实施征收：

（一）军事和外交需要用地的；

（二）由政府组织实施的能源、交通、水利、通信、邮政等基础设施建设需要用地的；

（三）由政府组织实施的科技、教育、文化、卫生、体育、生态环境和资源保护、防灾减灾、文物保护、社区综合服务、社会福利、市政公用、优抚安置、英烈保护等公共事业需要用地的；

（四）由政府组织实施的扶贫搬迁、保障性安居工程建设需要用地的；

（五）在土地利用总体规划确定的城镇建设用地范围内，经省级以上人民政府批准由县级以上地方人民政府组织实施的成片开发建设需要用地的；

（六）法律规定为公共利益需要可以征收农民集体所有的土地的其他情形。

前款规定的建设活动，应当符合国民经济和社会发展规划、土地利用总体规划、城乡规划和专项规划；第（四）项、第（五）项规定的建设活动，还应当纳入国民经济和社会发展年度计划；第（五）项规定的成片开发并应当符合国务院自然资源主管部门规定的标准。

第46条 征收下列土地的，由国务院批准：

（一）永久基本农田；

（二）永久基本农田以外的耕地超过三十五公顷的；

（三）其他土地超过七十公顷的。

征收前款规定以外的土地的，由省、自治区、直辖市人民政府批准。

征收农用地的，应当依照本法第四十四条的规定先行办理农用地转用审批。其中，经国务院批准农用地转用的，同时办理征地审批手续，不再另行办理征地审批；经省、自治区、直辖市人民政府在征地批准权限内批准农用地转用的，同时办理征地审批手续，不再另行办理征地审批，超过征地批准权限的，应当依照本条第一款的规定另行办理征地审批。

第47条 国家征收土地的，依照法定程序批准后，由县级以上地方人民政府予以公告并组织实施。

县级以上地方人民政府拟申请征收土地的，应当开展拟征收土地现状调查和社会稳定风险评估，并将征收范围、土地现状、征收目的、补偿标准、安置方式和社会保障等在拟征收土地所在的乡（镇）和村、村民小组范围内公告至少三十日，听取被征地的农村集体经济组织及其成员、村民委员会和其他利害关系人的意见。

多数被征地的农村集体经济组织成员认为征地补偿安置方案不符合法律、法规规定的，县级以上地方人民政府应当组织召开听证会，并根据法律、法规的规定和听证会情况修改方案。

拟征收土地的所有权人、使用权人应当在公告规定期限内，持不动产权属证明材料办理补偿登记。县级以上地方人民政府应当组织有关部门测算并落实有关费用，保证足额到位，与拟征收土地的所有权人、使用权人就补偿、安置等签订协议；个别确实难以达成协议的，应当在申请征收土地时如实说明。

相关前期工作完成后，县级以上地方人民政府方可申请征收土地。

第48条 征收土地应当给予公平、合理的补偿，保障被征地农民原有生活水平不降低、长远生计有保障。

征收土地应当依法及时足额支付土地补偿费、安置补助费以及农村村民住宅、其他地上附着物和青苗等的补偿费用，并安排被征地农民的社会保障费用。

征收农用地的土地补偿费、安置补助费标准由省、自治区、直辖市通过制定公布区片综合地价确定。制定区片综合地价应当综合考虑土地原用途、土地资源条件、土地产值、土地区位、土地供求关系、人口以及经济社会发展水平等因素，并至少每三年调整或者重新公布一次。

征收农用地以外的其他土地、地上附着物和青苗等的补偿标准，由省、自治区、直辖市制定。对其中的农村村民住宅，应当按照先补偿后搬迁、居住条件有改善的原则，尊重农村村民意愿，采取重新安排宅基地建房、提供安置房或者货币补偿等方式给予公平、合理的补偿，并对因征收造成的搬迁、临时安置等费用予以补偿，保障农村村民居住的权利和合法的住房财产权益。

县级以上地方人民政府应当将被征地农民纳入相应的养老等社会保障体系。被征地农民的社会保障费用主要用于符合条件的被征地农民的养老保险等社会保险缴费补贴。被征地农民社会保障费用的筹集、管理和使用办法，由省、自治区、直辖市制定。

第49条 被征地的农村集体经济组织应当将征收土地的补偿费用的收支状况向本集体经济组织的成员公布，接受监督。

禁止侵占、挪用被征收土地单位的征地补偿费用和其他有关费用。

第57条 建设项目施工和地质勘查需要临时使用国有土地或者农民集体所有的土地的，由县级以上人民政府自然资源主管部门批准。其中，在城市规划区内的临时用地，在报批前，应当先经有关城市规划行政主管部门同意。土地使用者应当根据土地权属，与有关自然资源主管部门或者农村集体经济组织、村民委员会签订临时使用土地合同，并按照合同的约定支付临时使用土地补偿费。

临时使用土地的使用者应当按照临时使用土地合同约定的用途使用土地，并不得修建永久性建筑物。

临时使用土地期限一般不超过二年。

3. **《民法典》**（2020年5月28日）

第331条　土地承包经营权人依法对其承包经营的耕地、林地、草地等享有占有、使用和收益的权利，有权从事种植业、林业、畜牧业等农业生产。

第333条　土地承包经营权自土地承包经营权合同生效时设立。

登记机构应当向土地承包经营权人发放土地承包经营权证、林权证等证书，并登记造册，确认土地承包经营权。

第334条　土地承包经营权人依照法律规定，有权将土地承包经营权互换、转让。未经依法批准，不得将承包地用于非农建设。

第338条　承包地被征收的，土地承包经营权人有权依据本法第二百四十三条的规定获得相应补偿。

第339条　土地承包经营权人可以自主决定依法采取出租、入股或者其他方式向他人流转土地经营权。

第340条　土地经营权人有权在合同约定的期限内占有农村土地，自主开展农业生产经营并取得收益。

4. **《农村土地承包法》**（2018年12月29日）

第36条　承包方可以自主决定依法采取出租（转包）、入股或者其他方式向他人流转土地经营权，并向发包方备案。

第38条　土地经营权流转应当遵循以下原则：

（一）依法、自愿、有偿，任何组织和个人不得强迫或者阻碍土地经营权流转；

（二）不得改变土地所有权的性质和土地的农业用途，不得破坏农业综合生产能力和农业生态环境；

（三）流转期限不得超过承包期的剩余期限；

（四）受让方须有农业经营能力或者资质；

（五）在同等条件下，本集体经济组织成员享有优先权。

5. **《农业法》**(2012 年 12 月 28 日)

第 67 条 任何机关或者单位向农民或者农业生产经营组织收取行政、事业性费用必须依据法律、法规的规定。收费的项目、范围和标准应当公布。没有法律、法规依据的收费,农民和农业生产经营组织有权拒绝。

任何机关或者单位对农民或者农业生产经营组织进行罚款处罚必须依据法律、法规、规章的规定。没有法律、法规、规章依据的罚款,农民和农业生产经营组织有权拒绝。

任何机关或者单位不得以任何方式向农民或者农业生产经营组织进行摊派。除法律、法规另有规定外,任何机关或者单位以任何方式要求农民或者农业生产经营组织提供人力、财力、物力的,属于摊派。农民和农业生产经营组织有权拒绝任何方式的摊派。

第 68 条 各级人民政府及其有关部门和所属单位不得以任何方式向农民或者农业生产经营组织集资。

没有法律、法规依据或者未经国务院批准,任何机关或者单位不得在农村进行任何形式的达标、升级、验收活动。

第 69 条 农民和农业生产经营组织依照法律、行政法规的规定承担纳税义务。税务机关及代扣、代收税款的单位应当依法征税,不得违法摊派税款及以其他违法方法征税。

6. **《农村集体经济组织法》**(2024 年 6 月 28 日)

第 13 条 农村集体经济组织成员享有下列权利:

(一)依照法律法规和农村集体经济组织章程选举和被选举为成员代表、理事会成员、监事会成员或者监事;

(二)依照法律法规和农村集体经济组织章程参加成员大会、成员代表大会,参与表决决定农村集体经济组织重大事项和重要事务;

(三)查阅、复制农村集体经济组织财务会计报告、会议记录等资料,了解有关情况;

（四）监督农村集体经济组织的生产经营管理活动和集体收益的分配、使用，并提出意见和建议；

（五）依法承包农村集体经济组织发包的农村土地；

（六）依法申请取得宅基地使用权；

（七）参与分配集体收益；

（八）集体土地被征收征用时参与分配土地补偿费等；

（九）享受农村集体经济组织提供的服务和福利；

（十）法律法规和农村集体经济组织章程规定的其他权利。

● 地方性法规及文件

7.《湖北省农村土地承包经营条例》（2012年7月27日）

第22条　承包方对承包的土地享有占有、使用、收益和依法流转的权利，有权自主组织生产经营和处置产品。

第29条　为了公共利益依法征收、征用承包地的，应当按照同地同价原则，对农村集体经济组织和原承包方及时足额给予补偿，或者适当调整承包地。具体办法由省人民政府另行制定。

征收、征用土地前，应当将征地用途、范围、面积以及征地补偿标准、安置办法和办理征地补偿的期限等，在被征承包地所在的村集体经济组织予以公告，听取被征土地的农村集体经济组织和承包户的意见。

征地方案确定后，征地主管部门应当商土地承包经营管理部门变更或者解除被征用地块的承包合同，办理相关手续。

第30条　征收、征用承包地的各项补偿费用应当自征地补偿、安置方案批准之日起三个月内全额支付。

土地补偿费、安置补助费的使用、分配办法，由本集体经济组织成员讨论决定。依法补偿给被征地农户的费用，应当直接将补偿款支付给被征地农户。

禁止非法征收、征用、占用农户承包地。对违法征收、征用、占用土地或者擅自扩大征地范围以及未按时足额支付补偿费的，承包户有权拒绝交地。

第 31 条　县级以上人民政府应当为被征地农民办理相应的社会保障，免费进行职业技能培训，给予提供就业指导服务，为其自主创业提供贷款贴息，减免相关规费等。

第 32 条　村集体经济组织公益事业和公共设施等建设占用承包地，应当经本集体经济组织成员的村民会议三分之二以上成员同意，在征得承包户同意并报县级人民政府土地承包经营管理部门批准后实施；用地单位应当对原承包户给予经济补偿，或者由发包方给原承包户适当调整土地。

● 案例指引

1. 某村村民委员会与刘某某承包地征收补偿费用分配纠纷案[①]

裁判摘要：根据《最高人民法院关于审理涉及农村土地承包纠纷案件适用法律问题的解释》第 22 条规定：村民委员会可以依照法律规定的民主议定程序，决定在本集体经济组织内部分配已经收到的土地补偿费。征地补偿安置方案确定时已经具有本集体经济组织成员资格的人，请求支付相应份额的，应予支持。本案中，某村村民委员会通过民主议定程序，决定在本村内部分配已经收到的土地补偿费。根据《××区农村集体经济组织成员身份确认的指导意见》规定的确认成员条件，刘某某作为出嫁女，尚未在嫁入方取得成员资格，且户口仍在本村，具有某村村民委员成员身份，应当获得相应的土地补偿款份额。

[①] 辽宁省朝阳市中级人民法院（2022）辽 13 民终 2797 号民事判决书。

2. 曹某某、张某甲诉张某乙、张某丙、张某丁、张某戊所有权确认纠纷案（人民法院案例库①2024-07-2-037-001）

裁判摘要：农村土地承包经营合同是以农户为单位的农村经济组织成员取得土地承包经营的依据，以固定农户承包相应土地亩数确定。但合同的签订并不影响在农户内部全体家庭成员共同享有该土地流转收益的权利，且不以签订合同时农户现有家庭成员为限。农户家庭有成员死亡的，该死亡家庭成员在承包期内获得的承包收益，可以按照现行法律的规定产生继承法律关系和后果，但相关遗产数额仅以其死亡时已经获得或虽尚未取得但已经投入资金、付出劳动即将取得之情形为限，不包括死亡后承包土地新产生的流转收益。

第十八条　承包方的义务

承包方承担下列义务：

（一）维持土地的农业用途，未经依法批准不得用于非农建设；

（二）依法保护和合理利用土地，不得给土地造成永久性损害；

（三）法律、行政法规规定的其他义务。

● 法　律

1.《土地管理法》（2019年8月26日）

第38条　禁止任何单位和个人闲置、荒芜耕地。已经办理审批手续的非农业建设占用耕地，一年内不用而又可以耕种并收获的，应当由原耕种该幅耕地的集体或者个人恢复耕种，也可以由用地单位组织耕种；一年以上未动工建设的，应当按照省、自治区、

---

① 参见人民法院案例库网站，https：//rmfyalk.court.gov.cn/，2024年12月3日访问。以下同一出处案例不再特别提示。

直辖市的规定缴纳闲置费；连续二年未使用的，经原批准机关批准，由县级以上人民政府无偿收回用地单位的土地使用权；该幅土地原为农民集体所有的，应当交由原农村集体经济组织恢复耕种。

在城市规划区范围内，以出让方式取得土地使用权进行房地产开发的闲置土地，依照《中华人民共和国城市房地产管理法》的有关规定办理。

2.《农业法》（2012年12月28日）

第6条 国家坚持科教兴农和农业可持续发展的方针。

国家采取措施加强农业和农村基础设施建设，调整、优化农业和农村经济结构，推进农业产业化经营，发展农业科技、教育事业，保护农业生态环境，促进农业机械化和信息化，提高农业综合生产能力。

第57条 发展农业和农村经济必须合理利用和保护土地、水、森林、草原、野生动植物等自然资源，合理开发和利用水能、沼气、太阳能、风能等可再生能源和清洁能源，发展生态农业，保护和改善生态环境。

县级以上人民政府应当制定农业资源区划或者农业资源合理利用和保护的区划，建立农业资源监测制度。

第58条 农民和农业生产经营组织应当保养耕地，合理使用化肥、农药、农用薄膜，增加使用有机肥料，采用先进技术，保护和提高地力，防止农用地的污染、破坏和地力衰退。

县级以上人民政府农业行政主管部门应当采取措施，支持农民和农业生产经营组织加强耕地质量建设，并对耕地质量进行定期监测。

第59条 各级人民政府应当采取措施，加强小流域综合治理，预防和治理水土流失。从事可能引起水土流失的生产建设活动的单位和个人，必须采取预防措施，并负责治理因生产建设活动造成的水土流失。

各级人民政府应当采取措施，预防土地沙化，治理沙化土地。国务院和沙化土地所在地区的县级以上地方人民政府应当按照法律规定制定防沙治沙规划，并组织实施。

第60条　国家实行全民义务植树制度。各级人民政府应当采取措施，组织群众植树造林，保护林地和林木，预防森林火灾，防治森林病虫害，制止滥伐、盗伐林木，提高森林覆盖率。

国家在天然林保护区域实行禁伐或者限伐制度，加强造林护林。

第61条　有关地方人民政府，应当加强草原的保护、建设和管理，指导、组织农（牧）民和农（牧）业生产经营组织建设人工草场、饲草饲料基地和改良天然草原，实行以草定畜，控制载畜量，推行划区轮牧、休牧和禁牧制度，保护草原植被，防止草原退化沙化和盐渍化。

第62条　禁止毁林毁草开垦、烧山开垦以及开垦国家禁止开垦的陡坡地，已经开垦的应当逐步退耕还林、还草。

禁止围湖造田以及围垦国家禁止围垦的湿地。已经围垦的，应当逐步退耕还湖、还湿地。

对在国务院批准规划范围内实施退耕的农民，应当按照国家规定予以补助。

第63条　各级人民政府应当采取措施，依法执行捕捞限额和禁渔、休渔制度，增殖渔业资源，保护渔业水域生态环境。

国家引导、支持从事捕捞业的农（渔）民和农（渔）业生产经营组织从事水产养殖业或者其他职业，对根据当地人民政府统一规划转产转业的农（渔）民，应当按照国家规定予以补助。

第64条　国家建立与农业生产有关的生物物种资源保护制度，保护生物多样性，对稀有、濒危、珍贵生物资源及其原生地实行重点保护。从境外引进生物物种资源应当依法进行登记或者审批，并采取相应安全控制措施。

农业转基因生物的研究、试验、生产、加工、经营及其他应用，必须依照国家规定严格实行各项安全控制措施。

第65条 各级农业行政主管部门应当引导农民和农业生产经营组织采取生物措施或者使用高效低毒低残留农药、兽药，防治动植物病、虫、杂草、鼠害。

农产品采收后的秸秆及其他剩余物质应当综合利用，妥善处理，防止造成环境污染和生态破坏。

从事畜禽等动物规模养殖的单位和个人应当对粪便、废水及其他废弃物进行无害化处理或者综合利用，从事水产养殖的单位和个人应当合理投饵、施肥、使用药物，防止造成环境污染和生态破坏。

第66条 县级以上人民政府应当采取措施，督促有关单位进行治理，防治废水、废气和固体废弃物对农业生态环境的污染。排放废水、废气和固体废弃物造成农业生态环境污染事故的，由环境保护行政主管部门或者农业行政主管部门依法调查处理；给农民和农业生产经营组织造成损失的，有关责任者应当依法赔偿。

3.《草原法》（2021年4月29日）

第33条 草原承包经营者应当合理利用草原，不得超过草原行政主管部门核定的载畜量；草原承包经营者应当采取种植和储备饲草饲料、增加饲草饲料供应量、调剂处理牲畜、优化畜群结构、提高出栏率等措施，保持草畜平衡。

草原载畜量标准和草畜平衡管理办法由国务院草原行政主管部门规定。

4.《农村集体经济组织法》（2024年6月28日）

第14条 农村集体经济组织成员履行下列义务：

（一）遵守法律法规和农村集体经济组织章程；

（二）执行农村集体经济组织依照法律法规和农村集体经济组织章程作出的决定；

（三）维护农村集体经济组织合法权益；

（四）合理利用和保护集体土地等资源；

（五）参与、支持农村集体经济组织的生产经营管理活动和公益活动；

（六）法律法规和农村集体经济组织章程规定的其他义务。

● 司法解释及文件

5.《最高人民法院关于审理涉及农村土地承包纠纷案件适用法律问题的解释》（2020年12月29日）

第8条　承包方违反农村土地承包法第十八条规定，未经依法批准将承包地用于非农建设或者对承包地造成永久性损害，发包方请求承包方停止侵害、恢复原状或者赔偿损失的，应予支持。

第二节　承包的原则和程序

第十九条　土地承包的原则

土地承包应当遵循以下原则：

（一）按照规定统一组织承包时，本集体经济组织成员依法平等地行使承包土地的权利，也可以自愿放弃承包土地的权利；

（二）民主协商，公平合理；

（三）承包方案应当按照本法第十三条的规定，依法经本集体经济组织成员的村民会议三分之二以上成员或者三分之二以上村民代表的同意；

（四）承包程序合法。

● 法　律

1.《土地管理法》（2019年8月26日）

第13条　农民集体所有和国家所有依法由农民集体使用的

耕地、林地、草地，以及其他依法用于农业的土地，采取农村集体经济组织内部的家庭承包方式承包，不宜采取家庭承包方式的荒山、荒沟、荒丘、荒滩等，可以采取招标、拍卖、公开协商等方式承包，从事种植业、林业、畜牧业、渔业生产。家庭承包的耕地的承包期为三十年，草地的承包期为三十年至五十年，林地的承包期为三十年至七十年；耕地承包期届满后再延长三十年，草地、林地承包期届满后依法相应延长。

国家所有依法用于农业的土地可以由单位或者个人承包经营，从事种植业、林业、畜牧业、渔业生产。

发包方和承包方应当依法订立承包合同，约定双方的权利和义务。承包经营土地的单位和个人，有保护和按照承包合同约定的用途合理利用土地的义务。

2.《森林法》(2019年12月28日)

第56条 采伐林地上的林木应当申请采伐许可证，并按照采伐许可证的规定进行采伐；采伐自然保护区以外的竹林，不需要申请采伐许可证，但应当符合林木采伐技术规程。

农村居民采伐自留地和房前屋后个人所有的零星林木，不需要申请采伐许可证。

非林地上的农田防护林、防风固沙林、护路林、护岸护堤林和城镇林木等的更新采伐，由有关主管部门按照有关规定管理。

采挖移植林木按照采伐林木管理。具体办法由国务院林业主管部门制定。

禁止伪造、变造、买卖、租借采伐许可证。

第57条 采伐许可证由县级以上人民政府林业主管部门核发。

县级以上人民政府林业主管部门应当采取措施，方便申请人办理采伐许可证。

农村居民采伐自留山和个人承包集体林地上的林木，由县级人民政府林业主管部门或者其委托的乡镇人民政府核发采伐许可证。

第58条　申请采伐许可证，应当提交有关采伐的地点、林种、树种、面积、蓄积、方式、更新措施和林木权属等内容的材料。超过省级以上人民政府林业主管部门规定面积或者蓄积量的，还应当提交伐区调查设计材料。

第59条　符合林木采伐技术规程的，审核发放采伐许可证的部门应当及时核发采伐许可证。但是，审核发放采伐许可证的部门不得超过年采伐限额发放采伐许可证。

第60条　有下列情形之一的，不得核发采伐许可证：

（一）采伐封山育林期、封山育林区内的林木；

（二）上年度采伐后未按照规定完成更新造林任务；

（三）上年度发生重大滥伐案件、森林火灾或者林业有害生物灾害，未采取预防和改进措施；

（四）法律法规和国务院林业主管部门规定的禁止采伐的其他情形。

3.《草原法》（2021年4月29日）

第13条　集体所有的草原或者依法确定给集体经济组织使用的国家所有的草原，可以由本集体经济组织内的家庭或者联户承包经营。

在草原承包经营期内，不得对承包经营者使用的草原进行调整；个别确需适当调整的，必须经本集体经济组织成员的村（牧）民会议三分之二以上成员或者三分之二以上村（牧）民代表的同意，并报乡（镇）人民政府和县级人民政府草原行政主管部门批准。

集体所有的草原或者依法确定给集体经济组织使用的国家所有的草原由本集体经济组织以外的单位或者个人承包经营的，必须经本集体经济组织成员的村（牧）民会议三分之二以上成员或者三分之二以上村（牧）民代表的同意，并报乡（镇）人民政府批准。

● **地方性法规及文件**

4. 《陕西省实施〈中华人民共和国农村土地承包法〉办法》（2024年1月12日）

第7条 农村土地承包方案，应当依法经本集体经济组织成员的村民会议三分之二以上成员或者三分之二以上村民代表的同意，并向全体村民公示，公示期不得少于十五日。对于因村民居住分散或者人户分离等原因无法集中公示的，发包方应当采取其他方式告知，保障有关人员的知情权。

5. 《湖北省农村土地承包经营条例》（2012年7月27日）

第10条 发包方应当依照法定的承包原则和程序发包。承包期限不得超过法定年限。

承包方案应当经本集体经济组织成员的村民会议三分之二以上成员或者三分之二以上村民代表同意，并报乡级土地承包经营管理机构备案。

6. 《河北省农村土地承包条例》（2013年7月25日）

第7条 本集体经济组织的农户在发包方发包土地时自愿放弃土地承包权的，应当向发包方提交有民事行为能力的家庭各成员签字确认的书面声明。无书面声明或者虽有书面声明但有民事行为能力的家庭各成员没有签字确认的，不视为放弃土地承包权。

第10条 不宜采取家庭承包方式的荒山、荒沟、荒丘、荒滩等农村土地，应当通过招标、拍卖、公开协商等其他方式承包，也可以将土地承包经营权折股分给本集体经济组织有承包权的人员后，再实行承包经营或者股份合作经营。

以其他方式承包农村土地，在同等条件下，本集体经济组织成员享有优先承包权。发包方将农村土地发包给本集体经济组织以外的单位或者个人承包，应当事先经本集体经济组织成员的村民会议三分之二以上成员或者三分之二以上村民代表的同意，并报乡、镇人民政府批准。由本集体经济组织以外的单位或者个人承包的，发包方应当对承包方的资信情况和经营能力进行审查后，再签订承包合同。承包方应当按照承包合同约定，合理利用土地，不得擅自改变土地的农业用途。

实行招标、拍卖、公开协商等其他方式承包的，承包方案应当在本集体经济组织内公示，公示时间不少于七日。承包方案应当包括以下内容：承包土地的名称、坐落、面积、用途、承包方式、双方权利和义务、承包底价、承包期限、起止时间、承包费支付方式、违约责任以及其他应当注明的事项。

> **第二十条　土地承包的程序**
>
> 土地承包应当按照以下程序进行：
> （一）本集体经济组织成员的村民会议选举产生承包工作小组；
> （二）承包工作小组依照法律、法规的规定拟订并公布承包方案；
> （三）依法召开本集体经济组织成员的村民会议，讨论通过承包方案；
> （四）公开组织实施承包方案；
> （五）签订承包合同。

● 法　律

1. 《村民委员会组织法》（2018年12月29日）

第24条　涉及村民利益的下列事项，经村民会议讨论决定方可办理：

（一）本村享受误工补贴的人员及补贴标准；

（二）从村集体经济所得收益的使用；

（三）本村公益事业的兴办和筹资筹劳方案及建设承包方案；

（四）土地承包经营方案；

（五）村集体经济项目的立项、承包方案；

（六）宅基地的使用方案；

（七）征地补偿费的使用、分配方案；

（八）以借贷、租赁或者其他方式处分村集体财产；

（九）村民会议认为应当由村民会议讨论决定的涉及村民利益的其他事项。

村民会议可以授权村民代表会议讨论决定前款规定的事项。

法律对讨论决定村集体经济组织财产和成员权益的事项另有规定的，依照其规定。

第28条 召开村民小组会议，应当有本村民小组十八周岁以上的村民三分之二以上，或者本村民小组三分之二以上的户的代表参加，所作决定应当经到会人员的过半数同意。

村民小组组长由村民小组会议推选。村民小组组长任期与村民委员会的任期相同，可以连选连任。

属于村民小组的集体所有的土地、企业和其他财产的经营管理以及公益事项的办理，由村民小组会议依照有关法律的规定讨论决定，所作决定及实施情况应当及时向本村民小组的村民公布。

● 部门规章及文件

2.《农村土地承包合同管理办法》（2023年2月17日 农业农村部令2023年第1号）

第7条 本集体经济组织成员的村民会议依法选举产生的承包工作小组，应当依照法律、法规的规定拟订承包方案，并在本集体经济组织范围内公示不少于十五日。

承包方案应当依法经本集体经济组织成员的村民会议三分之二以上成员或者三分之二以上村民代表的同意。

承包方案由承包工作小组公开组织实施。

第8条 承包方案应当符合下列要求：

（一）内容合法；

（二）程序规范；

（三）保障农村集体经济组织成员合法权益；

（四）不得违法收回、调整承包地；

（五）法律、法规和规章规定的其他要求。

第9条 县级以上地方人民政府农业农村主管（农村经营管理）部门、乡（镇）人民政府农村土地承包管理部门应当指导制定承包方案，并对承包方案的实施进行监督，发现问题的，应当及时予以纠正。

第三节 承包期限和承包合同

第二十一条　承包期限

耕地的承包期为三十年。草地的承包期为三十年至五十年。林地的承包期为三十年至七十年。

前款规定的耕地承包期届满后再延长三十年，草地、林地承包期届满后依照前款规定相应延长。

● 法　律

1.《土地管理法》（2019年8月26日）

第13条 农民集体所有和国家所有依法由农民集体使用的耕地、林地、草地，以及其他依法用于农业的土地，采取农村集体经济组织内部的家庭承包方式承包，不宜采取家庭承包方式的荒山、荒沟、荒丘、荒滩等，可以采取招标、拍卖、公开协商等方式承包，从事种植业、林业、畜牧业、渔业生产。家庭承包的耕地的承包期为三十年，草地的承包期为三十年至五十年，林地的承包期为三十年至七十年；耕地承包期届满后再延长三十年，草地、林地承包期届满后依法相应延长。

国家所有依法用于农业的土地可以由单位或者个人承包经营，从事种植业、林业、畜牧业、渔业生产。

发包方和承包方应当依法订立承包合同，约定双方的权利和义务。承包经营土地的单位和个人，有保护和按照承包合同约定的用途合理利用土地的义务。

2.《民法典》（2020 年 5 月 28 日）

第 332 条　耕地的承包期为三十年。草地的承包期为三十年至五十年。林地的承包期为三十年至七十年。

前款规定的承包期限届满，由土地承包经营权人依照农村土地承包的法律规定继续承包。

● 部门规章及文件

3.《陕西省实施〈中华人民共和国农村土地承包法〉办法》（2024 年 1 月 12 日）

第 8 条　耕地的承包期为三十年，草地的承包期为三十年至五十年，林地的承包期为三十年至七十年。

前款规定的耕地承包期届满后再延长三十年，草地、林地承包期届满后依照前款规定相应延长。

第二十二条　承包合同

发包方应当与承包方签订书面承包合同。

承包合同一般包括以下条款：

（一）发包方、承包方的名称，发包方负责人和承包方代表的姓名、住所；

（二）承包土地的名称、坐落、面积、质量等级；

（三）承包期限和起止日期；

（四）承包土地的用途；

（五）发包方和承包方的权利和义务；

（六）违约责任。

● 法　律

1. 《民法典》(2020 年 5 月 28 日)

第 469 条　当事人订立合同，可以采用书面形式、口头形式或者其他形式。

书面形式是合同书、信件、电报、电传、传真等可以有形地表现所载内容的形式。

以电子数据交换、电子邮件等方式能够有形地表现所载内容，并可以随时调取查用的数据电文，视为书面形式。

第 470 条　合同的内容由当事人约定，一般包括下列条款：

（一）当事人的姓名或者名称和住所；

（二）标的；

（三）数量；

（四）质量；

（五）价款或者报酬；

（六）履行期限、地点和方式；

（七）违约责任；

（八）解决争议的方法。

当事人可以参照各类合同的示范文本订立合同。

第 510 条　合同生效后，当事人就质量、价款或者报酬、履行地点等内容没有约定或者约定不明确的，可以协议补充；不能达成补充协议的，按照合同相关条款或者交易习惯确定。

第 511 条　当事人就有关合同内容约定不明确，依据前条规定仍不能确定的，适用下列规定：

（一）质量要求不明确的，按照强制性国家标准履行；没有强制性国家标准的，按照推荐性国家标准履行；没有推荐性国家标准的，按照行业标准履行；没有国家标准、行业标准的，按照通常标准或者符合合同目的的特定标准履行。

（二）价款或者报酬不明确的，按照订立合同时履行地的市场价格履行；依法应当执行政府定价或者政府指导价的，依照规定履行。

（三）履行地点不明确，给付货币的，在接受货币一方所在地履行；交付不动产的，在不动产所在地履行；其他标的，在履行义务一方所在地履行。

（四）履行期限不明确的，债务人可以随时履行，债权人也可以随时请求履行，但是应当给对方必要的准备时间。

（五）履行方式不明确的，按照有利于实现合同目的的方式履行。

（六）履行费用的负担不明确的，由履行义务一方负担；因债权人原因增加的履行费用，由债权人负担。

2.《草原法》（2021年4月29日）

第14条 承包经营草原，发包方和承包方应当签订书面合同。草原承包合同的内容应当包括双方的权利和义务、承包草原四至界限、面积和等级、承包期和起止日期、承包草原用途和违约责任等。承包期届满，原承包经营者在同等条件下享有优先承包权。

承包经营草原的单位和个人，应当履行保护、建设和按照承包合同约定的用途合理利用草原的义务。

● 部门规章及文件

3.《农村土地承包合同管理办法》（2023年2月17日 农业农村部令2023年第1号）

第3条 农村土地承包经营应当依法签订承包合同。土地承包经营权自承包合同生效时设立。

承包合同订立、变更和终止的，应当开展土地承包经营权调查。

第 10 条　承包合同应当符合下列要求：

（一）文本规范；

（二）内容合法；

（三）双方当事人签名、盖章或者按指印；

（四）法律、法规和规章规定的其他要求。

县级以上地方人民政府农业农村主管（农村经营管理）部门、乡（镇）人民政府农村土地承包管理部门应当依法指导发包方和承包方订立、变更或者终止承包合同，并对承包合同实施监督，发现不符合前款要求的，应当及时通知发包方更正。

第 11 条　发包方和承包方应当采取书面形式签订承包合同。

承包合同一般包括以下条款：

（一）发包方、承包方的名称，发包方负责人和承包方代表的姓名、住所；

（二）承包土地的名称、坐落、面积、质量等级；

（三）承包方家庭成员信息；

（四）承包期限和起止日期；

（五）承包土地的用途；

（六）发包方和承包方的权利和义务；

（七）违约责任。

承包合同示范文本由农业农村部制定。

● **地方性法规及文件**

4.《湖北省农村土地承包经营条例》（2012 年 7 月 27 日）

第 15 条　以招标、拍卖方式承包的，承包价格通过公开竞标、竞价确定。以公开协商方式承包的，承包价格由发包方与承包方共同议定。

第 16 条　发包方应当与承包方签订书面承包合同。承包合同一式四份，发包方、承包方、乡级土地承包经营管理机构、县级以上人民政府土地承包经营管理部门各执一份。

第 17 条　承包合同自成立之日起生效。承包方自承包合同生效时取得土地承包经营权。

5.《河北省农村土地承包条例》(2013 年 7 月 25 日)

第 11 条　发包方应当与承包方签订书面土地承包合同。

土地承包合同一式四份，发包方、承包方各执一份，由发包方报乡、镇人民政府、县级人民政府农业、林业等农村土地承包管理部门各备案一份。

第二十三条　承包合同的生效

承包合同自成立之日起生效。承包方自承包合同生效时取得土地承包经营权。

● 法　律

1.《民法典》(2020 年 5 月 28 日)

第 333 条　土地承包经营权自土地承包经营权合同生效时设立。

登记机构应当向土地承包经营权人发放土地承包经营权证、林权证等证书，并登记造册，确认土地承包经营权。

第 341 条　流转期限为五年以上的土地经营权，自流转合同生效时设立。当事人可以向登记机构申请土地经营权登记；未经登记，不得对抗善意第三人。

● 部门规章及文件

2.《农村土地承包合同管理办法》(2023 年 2 月 17 日　农业农村部令 2023 年第 1 号)

第 12 条　承包合同自双方当事人签名、盖章或者按指印时成立。

● 案例指引

路某坡诉茌平县冯屯镇某村村民委员会、第三人路某成承包地征收补偿费用分配纠纷案（人民法院案例库 2024-11-2-135-003）

裁判摘要：农村土地承包经营权人交换承包地种植，当事人就是否构成互换承包经营权产生争议的，人民法院应当依照《农村土地承包法》《农村土地承包经营权流转管理办法》的相关规定，审查当事人双方是否签订书面合同、履行报备义务以及办理承包合同和土地承包经营权证变更手续。缺乏上述要件的，应当认定双方对于原有土地承包经营权的权利义务未转移，仅构成互换种植。

第二十四条　土地承包经营权登记

国家对耕地、林地和草地等实行统一登记，登记机构应当向承包方颁发土地承包经营权证或者林权证等证书，并登记造册，确认土地承包经营权。

土地承包经营权证或者林权证等证书应当将具有土地承包经营权的全部家庭成员列入。

登记机构除按规定收取证书工本费外，不得收取其他费用。

● 法　律

1. 《**土地管理法**》（2019 年 8 月 26 日）

　　第 12 条　土地的所有权和使用权的登记，依照有关不动产登记的法律、行政法规执行。

　　依法登记的土地的所有权和使用权受法律保护，任何单位和个人不得侵犯。

2. 《**草原法**》（2021 年 4 月 29 日）

　　第 12 条　依法确定给全民所有制单位、集体经济组织等使用的国家所有的草原，由县级以上人民政府登记，核发使用权证，确认草原使用权。

未确定使用权的国家所有的草原，由县级以上人民政府登记造册，并负责保护管理。

集体所有的草原，由县级人民政府登记，核发所有权证，确认草原所有权。

依法改变草原权属的，应当办理草原权属变更登记手续。

● 地方性法规及文件

3.《乌鲁木齐市湿地保护条例》（2018年12月14日）

第11条 市、区（县）人民政府及有关行政主管部门在发放土地所有权证、土地使用权证、农村土地承包经营权证、草原使用权证、草原承包经营权证、林权证、渔业养殖证时，含有湿地的，应当注明湿地面积、四至范围以及其他需要注明的内容。

4.《湖北省农村土地承包经营条例》（2012年7月27日）

第11条 承包耕地实施退耕还林工程后，原承包关系不变，由县级以上人民政府收回并注销土地承包经营权证，据实核发林权证。

第18条 县级以上人民政府应当向承包方颁发土地承包经营权证，并登记造册，确认土地承包经营权。

第19条 承包合同和土地承包经营权证是承包方享有土地承包经营权的法律凭证，任何组织和个人不得扣留或者擅自更改。

承包合同、土地承包经营权证示范文本由省人民政府农业行政主管部门按照国家标准统一制定。

第20条 承包合同、土地承包经营权证登记簿、土地承包经营权证记载的事项应当一致；记载不一致的，除有证据证明土地承包经营权证登记簿确有错误外，以土地承包经营权证登记簿为准。

第21条　发包方、县级以上人民政府土地承包经营管理部门和乡级人民政府应当完善承包方案、承包合同、土地承包经营权证及其相关文件的登记、建档、保管和查询等工作。

建立健全省市县乡四级联网的土地承包信息化管理服务系统，为社会提供信息服务。

承包方有权查阅、复制与其承包地有关的土地承包经营权证登记簿和其他登记材料，有关部门及其工作人员应当为其提供方便，不得拒绝或者限制。

第46条　以家庭承包方式承包农村土地的，发包方应当自承包合同生效之日起三十日内，将土地承包方案、承包合同等材料报乡级土地承包经营管理机构；乡级土地承包经营管理机构对报送的材料应当在三十日内初审，并报县级以上人民政府土地承包经营管理部门予以审核，符合条件的，县级以上人民政府应当在三十日内颁发土地承包经营权证。

以招标、拍卖、公开协商等方式承包荒山、荒沟、荒丘、荒滩等农村土地的，经本人申请，依法审核登记，由县级以上人民政府三十日内颁发土地承包经营权证。

颁发土地承包经营权证等证书，除按照规定收取证书工本费外，不得收取其他费用。

第47条　土地承包经营权证应当包括以下内容：

（一）名称和编号；

（二）发证机关及日期；

（三）发包方、承包方代表及承包经营权共有人情况；

（四）承包期限和起止日期；

（五）承包土地名称、坐落、面积、用途；

（六）其他应当注明的事项。

第48条　承包地有下列情形之一的，应当依法变更承包合同，办理土地承包经营权证变更手续：

(一) 被部分征收或者退耕还林的；

(二) 土地整理发生变动的；

(三) 依法调整的；

(四) 因互换、转让以外的其他方式致使承包经营权分立、合并的；

(五) 承包方自愿交回部分承包地的；

(六) 法律法规规定的其他情形。

承包方依法应当申请办理土地承包经营权证变更登记手续而未申请办理的，由发包方申请办理。

变更家庭承包合同不得改变原承包期。

第49条 办理土地承包经营权变更申请应当提交以下材料：

(一) 变更的书面请求；

(二) 原承包合同、已变更的承包合同原件及其他证明材料。

第50条 乡级土地承包经营管理机构受理变更申请后，应及时对申请材料进行审核。符合规定的，报请原发证机关办理变更手续。

发证机关办理变更手续时，对于发生本条例第四十八条中(一)、(二)、(五)类情形的，应当依据变更后的承包合同分别在土地承包经营权证及土地承包经营权证登记簿中作变更登记；发生(三)、(四)类情形的，应当收回原承包合同及土地承包经营权证，依据变更后的合同颁发权证，重新登记。

第51条 土地承包经营权证严重污损、毁坏、遗失的，承包方应当向乡级土地承包经营管理机构申请换发或者补发。经乡级土地承包经营管理机构审核后，原发证机关应当以土地承包经营权证登记簿为准及时换发或者补发。

第52条 承包地有下列情形之一的，应当解除或者终止承包合同，由发证机关依法收回土地承包经营权证：

(一) 承包方自愿全部交回的；

（二）全部征收的；

（三）全部转让的；

（四）承包期满的；

（五）发包方依法全部收回的；

（六）法律法规规定的其他情形。

承包方无正当理由拒绝交回土地承包经营权证的，由原发证机关依法注销该证，并予以公告；承包方不服的，可以依法提出行政复议或者行政诉讼。

5. **《河北省农村土地承包条例》**（2013年7月25日）

第12条 各级人民政府应当建立健全土地承包经营权的登记制度，加强农村土地承包经营权的确权、登记和颁证工作。

第13条 以家庭承包方式承包土地的，颁发土地承包经营权证或者林权证等证书，应当按照下列程序办理：

（一）由发包方自土地承包合同生效之日起三十日内，向乡、镇人民政府报送土地承包方案、土地承包合同等材料；

（二）乡、镇人民政府自收到发包方报送的材料之日起十五日内，完成初审工作，对符合规定的，予以登记造册，并向县级人民政府农业、林业等农村土地承包管理部门提出颁发土地承包经营权证或者林权证等证书的书面申请；

（三）县级人民政府农业、林业等农村土地承包管理部门自收到乡、镇人民政府申报材料之日起六十日内完成审核，对符合条件的，编制登记簿，报县级人民政府。县级人民政府自收到审核材料之日起十日内，颁发土地承包经营权证或者林权证等证书。

第14条 以其他方式承包土地的，颁发土地承包经营权证或者林权证等证书，应当按照下列程序办理：

（一）承包方向乡、镇人民政府提交土地承包合同、土地承包经营权证或者林权证等登记申请书；

（二）乡、镇人民政府自收到登记申请书之日起十五日内，对发包方和承包方的资格、发包程序、承包期限、承包地用途等予以初审，并在登记申请书上签署意见；

（三）承包方持乡、镇人民政府初审通过的土地承包经营权证或者林权证等登记申请书和土地承包合同、土地承包方案等材料，向县级人民政府农业、林业等农村土地承包管理部门申请土地承包经营权证或者林权证等登记；

（四）县级人民政府农业、林业等农村土地承包管理部门自收到登记申请书之日起六十日内完成审核，对符合条件的，编制登记簿，并报县级人民政府。县级人民政府自收到审核材料之日起十日内，颁发土地承包经营权证或者林权证等证书。

第二十五条　承包合同的稳定性

承包合同生效后，发包方不得因承办人或者负责人的变动而变更或者解除，也不得因集体经济组织的分立或者合并而变更或者解除。

● **法　律**

1. 《民法典》（2020 年 5 月 28 日）

第 119 条　依法成立的合同，对当事人具有法律约束力。

● **部门规章及文件**

2. 《农村土地承包合同管理办法》（2023 年 2 月 17 日　农业农村部令 2023 年第 1 号）

第 13 条　承包期内，出现下列情形之一的，承包合同变更：

（一）承包方依法分立或者合并的；

（二）发包方依法调整承包地的；

（三）承包方自愿交回部分承包地的；

（四）土地承包经营权互换的；

（五）土地承包经营权部分转让的；

（六）承包地被部分征收的；

（七）法律、法规和规章规定的其他情形。

承包合同变更的，变更后的承包期限不得超过承包期的剩余期限。

第14条　承包期内，出现下列情形之一的，承包合同终止：

（一）承包方消亡的；

（二）承包方自愿交回全部承包地的；

（三）土地承包经营权全部转让的；

（四）承包地被全部征收的；

（五）法律、法规和规章规定的其他情形。

第15条　承包地被征收、发包方依法调整承包地或者承包方消亡的，发包方应当变更或者终止承包合同。

除前款规定的情形外，承包合同变更、终止的，承包方向发包方提出申请，并提交以下材料：

（一）变更、终止承包合同的书面申请；

（二）原承包合同；

（三）承包方分立或者合并的协议，交回承包地的书面通知或者协议，土地承包经营权互换合同、转让合同等其他相关证明材料；

（四）具有土地承包经营权的全部家庭成员同意变更、终止承包合同的书面材料；

（五）法律、法规和规章规定的其他材料。

第16条　省级人民政府农业农村主管部门可以根据本行政区域实际依法制定承包方分立、合并、消亡而导致承包合同变更、终止的具体规定。

第17条　承包期内，因自然灾害严重毁损承包地等特殊情形对个别农户之间承包地需要适当调整的，发包方应当制定承包地调整方案，并应当经本集体经济组织成员的村民会议三分之二以上成员或者三分之二以上村民代表的同意。承包合同中约定不得调整的，按照其约定。

调整方案通过之日起二十个工作日内，发包方应当将调整方案报乡（镇）人民政府和县级人民政府农业农村主管（农村经营管理）部门批准。

乡（镇）人民政府应当于二十个工作日内完成调整方案的审批，并报县级人民政府农业农村主管（农村经营管理）部门；县级人民政府农业农村主管（农村经营管理）部门应当于二十个工作日内完成调整方案的审批。乡（镇）人民政府、县级人民政府农业农村主管（农村经营管理）部门对违反法律、法规和规章规定的调整方案，应当及时通知发包方予以更正，并重新申请批准。

调整方案未经乡（镇）人民政府和县级人民政府农业农村主管（农村经营管理）部门批准的，发包方不得调整承包地。

第18条 承包方自愿将部分或者全部承包地交回发包方的，承包方与发包方在该土地上的承包关系终止，承包期内其土地承包经营权部分或者全部消灭，并不得再要求承包土地。

承包方自愿交回承包地的，应当提前半年以书面形式通知发包方。承包方对其在承包地上投入而提高土地生产能力的，有权获得相应的补偿。交回承包地的其他补偿，由发包方和承包方协商确定。

第19条 为了方便耕种或者各自需要，承包方之间可以互换属于同一集体经济组织的不同承包地块的土地承包经营权。

土地承包经营权互换的，应当签订书面合同，并向发包方备案。

承包方提交备案的互换合同，应当符合下列要求：

（一）互换双方是属于同一集体经济组织的农户；

（二）互换后的承包期限不超过承包期的剩余期限；

（三）法律、法规和规章规定的其他事项。

互换合同备案后，互换双方应当与发包方变更承包合同。

第20条　经承包方申请和发包方同意，承包方可以将部分或者全部土地承包经营权转让给本集体经济组织的其他农户。

承包方转让土地承包经营权的，应当以书面形式向发包方提交申请。发包方同意转让的，承包方与受让方应当签订书面合同；发包方不同意转让的，应当于七日内向承包方书面说明理由。发包方无法定理由的，不得拒绝同意承包方的转让申请。未经发包方同意的，土地承包经营权转让合同无效。

土地承包经营权转让合同，应当符合下列要求：

（一）受让方是本集体经济组织的农户；

（二）转让后的承包期限不超过承包期的剩余期限；

（三）法律、法规和规章规定的其他事项。

土地承包经营权转让后，受让方应当与发包方签订承包合同。原承包方与发包方在该土地上的承包关系终止，承包期内其土地承包经营权部分或者全部消灭，并不得再要求承包土地。

第二十六条　严禁国家机关及其工作人员利用职权干涉农村土地承包或者变更、解除承包合同

国家机关及其工作人员不得利用职权干涉农村土地承包或者变更、解除承包合同。

● **法　律**

1.《**民法典**》（2020年5月28日）

第3条　民事主体的人身权利、财产权利以及其他合法权益受法律保护，任何组织或者个人不得侵犯。

第267条　私人的合法财产受法律保护，禁止任何组织或者

个人侵占、哄抢、破坏。

2. 《农村土地承包法》（2018 年 12 月 29 日）

第 65 条　国家机关及其工作人员有利用职权干涉农村土地承包经营，变更、解除承包经营合同，干涉承包经营当事人依法享有的生产经营自主权，强迫、阻碍承包经营当事人进行土地承包经营权互换、转让或者土地经营权流转等侵害土地承包经营权、土地经营权的行为，给承包经营当事人造成损失的，应当承担损害赔偿等责任；情节严重的，由上级机关或者所在单位给予直接责任人员处分；构成犯罪的，依法追究刑事责任。

3. 《农业法》（2012 年 12 月 28 日）

第 7 条　国家保护农民和农业生产经营组织的财产及其他合法权益不受侵犯。

各级人民政府及其有关部门应当采取措施增加农民收入，切实减轻农民负担。

● 案例指引

某村村民委员会诉某管委会等拖欠征地款纠纷案[①]

裁判摘要：把土地征为国有后又在无对价的情况下返还给原集体土地所有人的做法违反了我国土地管理法中有关国有土地用途的强制性规定，损害了国家和社会公共利益，应认定无效。当事人在合同中约定的违约金过分高于违约方给守约方造成的损失的，人民法院可根据当事人的请求适当予以减少。

第四节　土地承包经营权的保护和互换、转让

第二十七条　承包期内承包地的交回和收回

承包期内，发包方不得收回承包地。

---

① 《最高人民法院公报》2005 年第 1 期。

国家保护进城农户的土地承包经营权。不得以退出土地承包经营权作为农户进城落户的条件。

承包期内，承包农户进城落户的，引导支持其按照自愿有偿原则依法在本集体经济组织内转让土地承包经营权或者将承包地交回发包方，也可以鼓励其流转土地经营权。

承包期内，承包方交回承包地或者发包方依法收回承包地时，承包方对其在承包地上投入而提高土地生产能力的，有权获得相应的补偿。

● 法　律

1. 《民法典》（2020 年 5 月 28 日）

第 337 条　承包期内发包人不得收回承包地。法律另有规定的，依照其规定。

2. 《土地管理法》（2019 年 8 月 26 日）

第 38 条　禁止任何单位和个人闲置、荒芜耕地。已经办理审批手续的非农业建设占用耕地，一年内不用而又可以耕种并收获的，应当由原耕种该幅耕地的集体或者个人恢复耕种，也可以由用地单位组织耕种；一年以上未动工建设的，应当按照省、自治区、直辖市的规定缴纳闲置费；连续二年未使用的，经原批准机关批准，由县级以上人民政府无偿收回用地单位的土地使用权；该幅土地原为农民集体所有的，应当交由原农村集体经济组织恢复耕种。

在城市规划区范围内，以出让方式取得土地使用权进行房地产开发的闲置土地，依照《中华人民共和国城市房地产管理法》的有关规定办理。

● **行政法规及文件**

3. **《国务院关于印发〈深入实施以人为本的新型城镇化战略五年行动计划〉的通知》**（2024 年 7 月 28 日　国发〔2024〕17 号）

　　二（三）2. 健全进城落户农民农村权益维护政策。规范开展农村不动产确权登记颁证工作。保障进城落户农民合法土地权益，依法维护进城落户农民的土地承包权、宅基地使用权、集体收益分配权，不得以退出上述权益作为农民进城落户的条件，探索建立自愿有偿退出的办法。

● **司法解释及文件**

4. **《最高人民法院关于审理涉及农村土地承包纠纷案件适用法律问题的解释》**（2020 年 12 月 29 日）

　　第 5 条　承包合同中有关收回、调整承包地的约定违反农村土地承包法第二十七条、第二十八条、第三十一条规定的，应当认定该约定无效。

　　第 6 条　因发包方违法收回、调整承包地，或者因发包方收回承包方弃耕、撂荒的承包地产生的纠纷，按照下列情形，分别处理：

　　（一）发包方未将承包地另行发包，承包方请求返还承包地的，应予支持；

　　（二）发包方已将承包地另行发包给第三人，承包方以发包方和第三人为共同被告，请求确认其所签订的承包合同无效、返还承包地并赔偿损失的，应予支持。但属于承包方弃耕、撂荒情形的，对其赔偿损失的诉讼请求，不予支持。

　　前款第（二）项所称的第三人，请求受益方补偿其在承包地上的合理投入的，应予支持。

　　第 9 条　发包方根据农村土地承包法第二十七条规定收回承包地前，承包方已经以出租、入股或者其他形式将其土地经营权流转给第三人，且流转期限尚未届满，因流转价款收取产生的纠纷，按照下列情形，分别处理：

（一）承包方已经一次性收取了流转价款，发包方请求承包方返还剩余流转期限的流转价款的，应予支持；

（二）流转价款为分期支付，发包方请求第三人按照流转合同的约定支付流转价款的，应予支持。

● 地方性法规及文件

5.《陕西省实施〈中华人民共和国农村土地承包法〉办法》（2024年1月12日）

第11条　以家庭承包方式承包土地，承包期内，发包方不得收回承包地。

有下列情形之一的，发包方依法收回承包地：

（一）耕地、草地农村承包经营户内家庭成员全部死亡的；

（二）林地农村承包经营户内家庭成员全部死亡且无继承人的；

（三）农村承包经营户内家庭成员全部丧失中华人民共和国国籍的；

（四）农村承包经营户内家庭成员全部迁入其他集体经济组织并取得承包地的；

（五）农村承包经营户内家庭成员全部自愿放弃承包土地的；

（六）法律、法规规定的其他情形。

6.《辽宁省实施〈中华人民共和国农村土地承包法〉办法》（2020年11月25日）

第3条　《土地承包法》实施前已经预留的机动地，超过本集体经济组织耕地总面积5%的，应当将超过部分的土地分包给按照规定统一组织承包时具有土地承包经营权的农户；已经流转的应当收回，短期内难以收回的，发包方应当将其超过部分的流转收益分配给按照规定统一组织承包时具有土地承包经营权的农户，待土地收回后再分包给上述农户。

7.《湖北省农村土地承包经营条例》（2012年7月27日）

第23条 承包期内，发包方不得收回承包地。

承包期内，承包户全家迁入小城镇落户的，有权依法保留其土地承包经营权或者依法流转；迁入设区的市，转为非农业户口的，应当将承包地交回发包方。

集体经济组织不得以村民会议决议、村规民约或者其他任何方式损害本集体经济组织成员的土地承包经营权，不得作出有差别或者歧视性待遇的决定。

第24条 以家庭承包方式取得的土地承包经营权的分割，由家庭内部自行协商解决；协商不成的，按照土地承包仲裁委员会的仲裁裁决或者人民法院的判决及有关协议处理。

8.《河北省农村土地承包条例》（2013年7月25日）

第30条 土地承包期内，发包方不得违反法律、行政法规规定收回和调整承包地。

第34条 土地承包期内，有下列情形之一的，发包方应当解除或者终止土地承包合同，并依法提请发证机关收回或者注销土地承包经营权证、林权证等证书：

（一）承包方提出书面申请，自愿交回以家庭承包方式承包的全部承包地的；

（二）承包方的全部承包地被依法征收、征用或者占用的；

（三）承包方全家迁入设区的市并转为城镇居民户口，其以家庭承包方式承包的耕地或者草地交回发包方或者被发包方依法收回的；

（四）承包林地或者以其他方式承包土地的承包方家庭消亡并无继承人的；

（五）法律、行政法规规定的其他情形。

第 35 条　土地承包期内，承包方家庭内部因分户、离婚等原因，要求分割以家庭承包方式取得的土地承包经营权，就分割问题达成协议的，发包方应当与各分割方分别签订新的土地承包合同，并依法申请变更土地承包经营权证或者林权证等证书；当事人之间达不成协议的，可以向农村土地承包仲裁委员会申请仲裁或者向人民法院提起诉讼。

● 案例指引

1. 陈某棕诉某村一组、某村村民委员会征地补偿款分配纠纷案①

裁判摘要：依照土地管理法第十四条和土地承包法第二十六条的规定，承包土地的农民到小城镇落户后，其土地承包经营权可以保留或者依法流转；该土地如果被征用，承包土地的农民有权获得征地补偿款。

2. 王淑荣与何福云、王喜胜等农村土地承包经营权纠纷案（最高人民法院公布人民法院保障民生第二批典型案例②之一）

裁判摘要：王淑荣作为城市居民，在二轮土地延包中不享有土地承包经营权。第一，王淑荣于 1992 年 1 月将户口从王振学家迁至白城市新立派出所辖区内落户。《农村土地承包法》第二十六条第三款之规定："承包期内，全家迁入设区的市，转为非农业户口的，应当将承包的耕地和草地交回发包方。承包方不交回的，发包方可以收回承包的耕地和草地。"可见迁入设区的市、转为非农业户口，是丧失农村土地承包经营权的条件。由于目前我国法律没有对农村居民个人丧失土地承包经营权的条件作出明确具体的规定，因此，只能比照法律中最相类似的条款进行认定，上述规定应当成为认定在第二轮土地承包中，王淑荣是否对王振学家承包的土地享有承包经营权的法律依据。此时王淑荣的户口已经迁入设区的市，成为城市

---

① 《最高人民法院公报》2005 年第 10 期。
② 《最高人民法院公报》2015 年第 3 期。

居民，因此不应再享有农村土地承包经营权。当地第二轮土地承包仍依照土地承包法第十五条之规定，以本集体经济组织的农户为单位。延包的含义是只丈量土地，不进行调整，符合增人不增地、减人不减地的政策。王淑荣此时已不是王振学家庭成员，在二轮土地延包中不享有土地承包经营权。第二，《农村土地承包经营权证》是民事案件中认定当事人是否具有农村土地承包经营权的重要依据。

第二十八条　承包期内承包地的调整

> 承包期内，发包方不得调整承包地。
>
> 承包期内，因自然灾害严重毁损承包地等特殊情形对个别农户之间承包的耕地和草地需要适当调整的，必须经本集体经济组织成员的村民会议三分之二以上成员或者三分之二以上村民代表的同意，并报乡（镇）人民政府和县级人民政府农业农村、林业和草原等主管部门批准。承包合同中约定不得调整的，按照其约定。

● 法　律

1.《民法典》（2020 年 5 月 28 日）

　　第 336 条　承包期内发包人不得调整承包地。

　　因自然灾害严重毁损承包地等特殊情形，需要适当调整承包的耕地和草地的，应当依照农村土地承包的法律规定办理。

2.《草原法》（2021 年 4 月 29 日）

　　第 13 条　集体所有的草原或者依法确定给集体经济组织使用的国家所有的草原，可以由本集体经济组织内的家庭或者联户承包经营。

　　在草原承包经营期内，不得对承包经营者使用的草原进行调整；个别确需适当调整的，必须经本集体经济组织成员的村（牧）民会议三分之二以上成员或者三分之二以上村（牧）民代表的同意，并报乡（镇）人民政府和县级人民政府草原行政主管部门批准。

集体所有的草原或者依法确定给集体经济组织使用的国家所有的草原由本集体经济组织以外的单位或者个人承包经营的，必须经本集体经济组织成员的村（牧）民会议三分之二以上成员或者三分之二以上村（牧）民代表的同意，并报乡（镇）人民政府批准。

● 司法解释及文件

3.《最高人民法院关于审理涉及农村土地承包纠纷案件适用法律问题的解释》（2020年12月29日）

第5条 承包合同中有关收回、调整承包地的约定违反农村土地承包法第二十七条、第二十八条、第三十一条规定的，应当认定该约定无效。

● 地方性法规及文件

4.《陕西省实施〈中华人民共和国农村土地承包法〉办法》（2024年1月12日）

第14条 承包期内，发包方不得调整承包地。

承包期内，因自然灾害严重毁损承包地等特殊情形对个别农户之间承包的耕地和草地需要适当调整的，必须经本集体经济组织成员的村民会议三分之二以上成员或者三分之二以上村民代表的同意，并报乡（镇）人民政府和县级农村土地承包主管部门批准。承包合同中约定不得调整的，按照其约定。

农村承包土地调整后，应当依法订立或者变更土地承包合同，合同终止日期应当与本集体经济组织其他同类土地承包合同终止日期一致，并依法申请土地承包经营权变更登记或者转移登记。

5. **《辽宁省实施〈中华人民共和国农村土地承包法〉办法》**（2020年11月25日）

第4条 下列土地应当用于承包给新增人口或者用于《土地承包法》第二十八条规定个别调整承包地的特殊情形：

（一）集体经济组织依法预留的机动地；

（二）通过依法开垦等方式增加的；

（三）承包方依法、自愿交回的；

（四）发包方依法收回的。

前款所列土地在未用于承包给新增人口或者个别调整承包地之前，应当通过招标、公开协商等方式承包，承包期不得超过3年。

第5条 本办法第四条所列土地用于承包给新增人口或者个别调整承包的承包方案，应当经本集体经济组织成员的村民会议2/3以上成员或者2/3以上村民代表同意。

6. **《湖北省农村土地承包经营条例》**（2012年7月27日）

第26条 承包期内，发包方不得擅自调整承包地。有下列情形之一的，经本集体经济组织成员的村民会议三分之二以上成员或者三分之二以上村民代表同意，报乡级人民政府和县级以上人民政府土地承包经营管理部门批准，可以依法对承包地作适当调整：

（一）因自然灾害严重毁损承包地的；

（二）因建设公共设施、兴办公益事业占用承包地的；

（三）承包期内应当取得承包地而没有取得的；

（四）因土地被国家征收，承包方自愿放弃经济补偿（地上附着物和青苗补偿费除外），要求继续承包土地的；

（五）法律、法规规定的其他情形。

第28条 土地调整应当按照下列程序进行：

（一）发包方依据本条例规定对符合条件的农户范围、调整顺序、调整面积等事项进行确认并拟订调整方案；

（二）公示调整方案，公示期不得少于十五日；

（三）依法召开村民会议或者村民代表会议，经本集体经济组织成员的村民会议三分之二以上成员或者三分之二以上村民代表同意，通过调整方案；

（四）发包方将调整方案报乡级土地承包经营管理机构审核，并报县级人民政府土地承包经营管理部门批准；

（五）发包方组织实施调整方案；

（六）签订承包合同并办理变更登记手续。

第二十九条　用于调整承包土地或者承包给新增人口的土地

下列土地应当用于调整承包土地或者承包给新增人口：

（一）集体经济组织依法预留的机动地；

（二）通过依法开垦等方式增加的；

（三）发包方依法收回和承包方依法、自愿交回的。

● **地方性法规及文件**

1. 《辽宁省实施〈中华人民共和国农村土地承包法〉办法》（2020年11月25日）

第6条　符合下列条件的农业户口人员，属于具有土地承包经营权的新增人口：

（一）本集体经济组织农户的新生儿；

（二）与本集体经济组织成员结婚且户口迁入本村的；

（三）本集体经济组织成员依法收养且户口已经迁入本村的子女；

（四）符合国家移民政策到本村落户的；

（五）其他将户口迁移至本村居住，能够承担相应义务和交纳公共积累，经本集体经济组织成员的村民会议2/3以上成员或者2/3以上村民代表同意，接纳为本集体经济组织成员的。

2.《湖北省农村土地承包经营条例》（2012 年 7 月 27 日）

　　第 27 条　下列土地应当作为调整用地：

　　（一）集体经济组织预留的机动地；

　　（二）集体新增的土地；

　　（三）承包方依法、自愿交回的土地；

　　（四）发包方依法收回的土地；

　　（五）其他依法可用于调整的土地。

3.《河北省农村土地承包条例》（2013 年 7 月 25 日）

　　第 8 条　下列土地可以以家庭承包方式承包给本集体经济组织内有承包权的新增人口，所签土地承包合同期限为本轮土地承包的剩余期限：

　　（一）集体经济组织依法预留的机动地；

　　（二）通过依法开垦等方式增加的；

　　（三）承包方依法、自愿交回的；

　　（四）发包方依法收回的。

　　承包给新增人口土地的数量，依法由本集体经济组织的村民会议或者村民代表会议根据地源情况讨论决定。

　　第 9 条　机动地在以家庭承包方式承包给本集体经济组织内有承包权的新增人口之后剩余部分，应当实行公开竞价方式发包，承包期不得超过五年。

第三十条　承包期内承包方自愿将承包地交回发包方的处理

　　承包期内，承包方可以自愿将承包地交回发包方。承包方自愿交回承包地的，可以获得合理补偿，但是应当提前半年以书面形式通知发包方。承包方在承包期内交回承包地的，在承包期内不得再要求承包土地。

● 法　律

1.《民法典》(2020 年 5 月 28 日)

第 562 条　当事人协商一致，可以解除合同。

当事人可以约定一方解除合同的事由。解除合同的事由发生时，解除权人可以解除合同。

第 563 条　有下列情形之一的，当事人可以解除合同：

（一）因不可抗力致使不能实现合同目的；

（二）在履行期限届满前，当事人一方明确表示或者以自己的行为表明不履行主要债务；

（三）当事人一方迟延履行主要债务，经催告后在合理期限内仍未履行；

（四）当事人一方迟延履行债务或者有其他违约行为致使不能实现合同目的；

（五）法律规定的其他情形。

以持续履行的债务为内容的不定期合同，当事人可以随时解除合同，但是应当在合理期限之前通知对方。

第 564 条　法律规定或者当事人约定解除权行使期限，期限届满当事人不行使的，该权利消灭。

法律没有规定或者当事人没有约定解除权行使期限，自解除权人知道或者应当知道解除事由之日起一年内不行使，或者经对方催告后在合理期限内不行使的，该权利消灭。

第 565 条　当事人一方依法主张解除合同的，应当通知对方。合同自通知到达对方时解除；通知载明债务人在一定期限内不履行债务则合同自动解除，债务人在该期限内未履行债务的，合同自通知载明的期限届满时解除。对方对解除合同有异议的，任何一方当事人均可以请求人民法院或者仲裁机构确认解除行为的效力。

当事人一方未通知对方，直接以提起诉讼或者申请仲裁的方式依法主张解除合同，人民法院或者仲裁机构确认该主张的，合同自起诉状副本或者仲裁申请书副本送达对方时解除。

第566条　合同解除后，尚未履行的，终止履行；已经履行的，根据履行情况和合同性质，当事人可以请求恢复原状或者采取其他补救措施，并有权请求赔偿损失。

合同因违约解除的，解除权人可以请求违约方承担违约责任，但是当事人另有约定的除外。

主合同解除后，担保人对债务人应当承担的民事责任仍应当承担担保责任，但是担保合同另有约定的除外。

● 司法解释及文件

2.《最高人民法院关于审理涉及农村土地承包纠纷案件适用法律问题的解释》（2020年12月29日）

第10条　承包方交回承包地不符合农村土地承包法第三十条规定程序的，不得认定其为自愿交回。

● 地方性法规及文件

3.《湖北省农村土地承包经营条例》（2012年7月27日）

第12条　承包期内，承包方可以向发包方提交书面申请，自愿将承包地交回发包方。承包方自愿交回承包地的，在剩余承包期内不得再要求承包土地。

对自愿交回承包地的农民，县级以上人民政府应当制定相应政策，给予补偿、补助和相应的社会保障等。

4.《河北省农村土地承包条例》（2013年7月25日）

第33条　土地承包期内，有下列情形之一的，发包方应当与承包方变更土地承包合同，并依法办理土地承包经营权证或者林权证等证书的变更手续：

（一）承包方提出书面申请，自愿交回以家庭承包方式承包的部分承包地的；

（二）承包方的部分承包地被依法征收、征用或者占用的；

（三）依法调整土地后，承包方的承包地面积发生变化的；

（四）法律、行政法规规定的其他情形。

第39条　土地承包合同或者土地承包经营权流转合同被确认为部分无效、无效或者被撤销后，县级人民政府应当根据当事人或者利害关系人的申请，以及生效的裁决或者判决等相关材料，依法变更、收回或者注销按照该合同所颁发的土地承包经营权证或者林权证等证书。

土地承包合同被确认无效或者被撤销后，因该合同取得的土地应当予以返还。返还土地的时间应当在当季农作物收获期结束后或者下一耕种期开始前。

第三十一条　妇女婚姻关系变动对土地承包的影响

承包期内，妇女结婚，在新居住地未取得承包地的，发包方不得收回其原承包地；妇女离婚或者丧偶，仍在原居住地生活或者不在原居住地生活但在新居住地未取得承包地的，发包方不得收回其原承包地。

● **宪　法**

1.《宪法》（2018年3月11日）

第48条　中华人民共和国妇女在政治的、经济的、文化的、社会的和家庭的生活等各方面享有同男子平等的权利。

国家保护妇女的权利和利益，实行男女同工同酬，培养和选拔妇女干部。

● **法　律**

2.《民法典》（2020年5月28日）

第1087条　离婚时，夫妻的共同财产由双方协议处理；协议不成的，由人民法院根据财产的具体情况，按照照顾子女、女方和无过错方权益的原则判决。

对夫或者妻在家庭土地承包经营中享有的权益等，应当依法予以保护。

3.《妇女权益保障法》（2022年10月30日）

第53条 国家保障妇女享有与男子平等的财产权利。

● 司法解释及文件

4.《最高人民法院关于审理涉及农村土地承包纠纷案件适用法律问题的解释》（2020年12月29日）

第5条 承包合同中有关收回、调整承包地的约定违反农村土地承包法第二十七条、第二十八条、第三十一条规定的，应当认定该约定无效。

● 地方性法规及文件

5.《陕西省实施〈中华人民共和国农村土地承包法〉办法》（2024年1月12日）

第12条 承包期内，妇女结婚，在新居住地未取得承包地的，发包方不得收回其原承包地；妇女离婚或者丧偶，仍在原居住地生活或者不在原居住地生活但在新居住地未取得承包地的，发包方不得收回其原承包地。

因结婚男方到女方家落户的，适用前款规定。

农村集体经济组织成员结婚后在迁入地取得承包地的，迁入地的集体经济组织应当书面告知迁出地的农村集体经济组织。

6.《哈尔滨市妇女权益保障条例》（2014年9月10日）

第21条 夫妻对双方共有的房产、农村土地承包经营权、林权以及其他共有财产申请共有登记的，登记机构应当依法办理。

7.《湖北省农村土地承包经营条例》（2012年7月27日）

第25条 承包期内，出嫁女、入赘婿、离婚或者丧偶者未取得新承包地的,发包方不得收回其原承包地。

征地补偿费分配或者集体经济组织进行股份制改造时,妇女与男子享有同等权利。

农村集体经济组织成员结婚或者迁居后在迁入地取得承包地的,迁入地的集体经济组织应当告知迁出地的集体经济组织。

8.《河北省农村土地承包条例》(2013年7月25日)

第31条 原户籍在本集体经济组织的现役义务兵、符合国家有关规定的士官和大中专院校的在校生、毕业生、服刑人员,在土地承包期内,发包方不得收回或者调出其原承包地。

第32条 任何组织和个人不得以任何形式剥夺妇女合法的土地承包经营权,涉及土地承包的规定、村民代表会议或者村民会议的决议、村规民约中,不得有违反男女平等原则、侵害妇女土地承包合法权益的内容。

土地承包期内,妇女结婚后,新居住地有地源的,应当按照方便生产生活的原则解决其承包地。

在新居住地未取得承包地的,原居住地发包方不得收回其原承包地;妇女离婚或者丧偶,仍在原居住地生活或者不在原居住地生活但在新居住地未取得承包地的,发包方不得收回其原承包地。

土地承包期内,男到女家落户的,适用本条规定。

● 案例指引

巴某甲与巴某乙、巴某丙等人农村土地承包经营权纠纷支持起诉案(最高人民检察院、中华全国总工会、中华全国妇女联合会联合发布12起保障妇女儿童权益典型案例①之六)

裁判摘要:根据《农村土地承包法》《妇女权益保障法》等相

---

① 《最高人民检察院、中华全国总工会、中华全国妇女联合会保障妇女儿童权益典型案例》,载最高人民检察院网站,https://www.spp.gov.cn/xwfbh/wsfbh/202404/t20240415_651420.shtml,2024年12月3日访问。

关法律规定，农村土地承包期内妇女结婚，在新居住地未取得承包地的，不得收回其原承包地，农村妇女土地承包经营权也不会因在农村经济组织间的嫁娶、迁移等情况而丧失。巴某甲虽然将户口迁出，但在夫家没有分得"口粮地"，依法对娘家原有的口粮地享有权益。

第三十二条　承包收益和林地承包权的继承

承包人应得的承包收益，依照继承法的规定继承。

林地承包的承包人死亡，其继承人可以在承包期内继续承包。

● **司法解释及文件**

1. 《最高人民法院关于适用〈中华人民共和国民法典〉继承编的解释（一）》（2020年12月29日）

第2条　承包人死亡时尚未取得承包收益的，可以将死者生前对承包所投入的资金和所付出的劳动及其增值和孳息，由发包单位或者接续承包合同的人合理折价、补偿。其价额作为遗产。

2. 《最高人民法院关于审理涉及农村土地承包纠纷案件适用法律问题的解释》（2020年12月29日）

第23条　林地家庭承包中，承包方的继承人请求在承包期内继续承包的，应予支持。

其他方式承包中，承包方的继承人或者权利义务承受者请求在承包期内继续承包的，应予支持。

第三十三条　土地承包经营权的互换

承包方之间为方便耕种或者各自需要，可以对属于同一集体经济组织的土地的土地承包经营权进行互换，并向发包方备案。

● 地方性法规及文件

《河北省农村土地承包条例》（2013 年 7 月 25 日）

第 24 条 同一集体经济组织的农户，无书面互换合同但双方当事人已经形成相互经营对方承包地两年以上的事实，除当事人能够提供不是互换的有效证明或者双方认可的口头协议外，按照互换处理。

第三十四条 土地承包经营权的转让

经发包方同意，承包方可以将全部或者部分的土地承包经营权转让给本集体经济组织的其他农户，由该农户同发包方确立新的承包关系，原承包方与发包方在该土地上的承包关系即行终止。

● 法　律

1. 《民法典》（2020 年 5 月 28 日）

第 545 条 债权人可以将债权的全部或者部分转让给第三人，但是有下列情形之一的除外：

（一）根据债权性质不得转让；

（二）按照当事人约定不得转让；

（三）依照法律规定不得转让。

当事人约定非金钱债权不得转让的，不得对抗善意第三人。当事人约定金钱债权不得转让的，不得对抗第三人。

第 546 条 债权人转让债权，未通知债务人的，该转让对债务人不发生效力。

债权转让的通知不得撤销，但是经受让人同意的除外。

第 547 条 债权人转让债权的，受让人取得与债权有关的从权利，但是该从权利专属于债权人自身的除外。

受让人取得从权利不因该从权利未办理转移登记手续或者未

转移占有而受到影响。

第 548 条 债务人接到债权转让通知后，债务人对让与人的抗辩，可以向受让人主张。

第 549 条 有下列情形之一的，债务人可以向受让人主张抵销：

（一）债务人接到债权转让通知时，债务人对让与人享有债权，且债务人的债权先于转让的债权到期或者同时到期；

（二）债务人的债权与转让的债权是基于同一合同产生。

第 550 条 因债权转让增加的履行费用，由让与人负担。

第 551 条 债务人将债务的全部或者部分转移给第三人的，应当经债权人同意。

债务人或者第三人可以催告债权人在合理期限内予以同意，债权人未作表示的，视为不同意。

第 552 条 第三人与债务人约定加入债务并通知债权人，或者第三人向债权人表示愿意加入债务，债权人未在合理期限内明确拒绝的，债权人可以请求第三人在其愿意承担的债务范围内和债务人承担连带债务。

第 553 条 债务人转移债务的，新债务人可以主张原债务人对债权人的抗辩；原债务人对债权人享有债权的，新债务人不得向债权人主张抵销。

第 554 条 债务人转移债务的，新债务人应当承担与主债务有关的从债务，但是该从债务专属于原债务人自身的除外。

第 555 条 当事人一方经对方同意，可以将自己在合同中的权利和义务一并转让给第三人。

第 556 条 合同的权利和义务一并转让的，适用债权转让、债务转移的有关规定。

2.《草原法》（2021 年 4 月 29 日）

第 15 条 草原承包经营权受法律保护，可以按照自愿、有偿的原则依法转让。

草原承包经营权转让的受让方必须具有从事畜牧业生产的能力，并应当履行保护、建设和按照承包合同约定的用途合理利用草原的义务。

草原承包经营权转让应当经发包方同意。承包方与受让方在转让合同中约定的转让期限，不得超过原承包合同剩余的期限。

第三十五条　土地承包经营权互换、转让的登记

土地承包经营权互换、转让的，当事人可以向登记机构申请登记。未经登记，不得对抗善意第三人。

● 法　律

1. 《民法典》（2020 年 5 月 28 日）

第 335 条　土地承包经营权互换、转让的，当事人可以向登记机构申请登记；未经登记，不得对抗善意第三人。

第 336 条　承包期内发包人不得调整承包地。

因自然灾害严重毁损承包地等特殊情形，需要适当调整承包的耕地和草地的，应当依照农村土地承包的法律规定办理。

第 341 条　流转期限为五年以上的土地经营权，自流转合同生效时设立。当事人可以向登记机构申请土地经营权登记；未经登记，不得对抗善意第三人。

第 342 条　通过招标、拍卖、公开协商等方式承包农村土地，经依法登记取得权属证书的，可以依法采取出租、入股、抵押或者其他方式流转土地经营权。

2. 《草原法》（2021 年 4 月 29 日）

第 11 条　依法确定给全民所有制单位、集体经济组织等使用的国家所有的草原，由县级以上人民政府登记，核发使用权证，确认草原使用权。

未确定使用权的国家所有的草原,由县级以上人民政府登记造册,并负责保护管理。

集体所有的草原,由县级人民政府登记,核发所有权证,确认草原所有权。

依法改变草原权属的,应当办理草原权属变更登记手续。

第12条 依法登记的草原所有权和使用权受法律保护,任何单位或者个人不得侵犯。

● **行政法规及文件**

3.《不动产登记暂行条例》(2024年3月10日)

第33条 本条例施行前依法颁发的各类不动产权属证书和制作的不动产登记簿继续有效。

不动产统一登记过渡期内,农村土地承包经营权的登记按照国家有关规定执行。

● **部门规章及文件**

4.《农村土地经营权流转管理办法》(2021年1月26日 农业农村部令2021年第1号)

第21条 发包方对承包方流转土地经营权、受让方再流转土地经营权以及承包方、受让方利用土地经营权融资担保的,应当办理备案,并报告乡(镇)人民政府农村土地承包管理部门。

第22条 乡(镇)人民政府农村土地承包管理部门应当向达成流转意向的双方提供统一文本格式的流转合同,并指导签订。流转合同中有违反法律法规的,应当及时予以纠正。

第23条 乡(镇)人民政府农村土地承包管理部门应当建立土地经营权流转台账,及时准确记载流转情况。

第24条 乡(镇)人民政府农村土地承包管理部门应当对土地经营权流转有关文件、资料及流转合同等进行归档并妥善保管。

第25条 鼓励各地建立土地经营权流转市场或者农村产权交易市场。县级以上地方人民政府农业农村主管（农村经营管理）部门应当加强业务指导，督促其建立健全运行规则，规范开展土地经营权流转政策咨询、信息发布、合同签订、交易鉴证、权益评估、融资担保、档案管理等服务。

第26条 县级以上地方人民政府农业农村主管（农村经营管理）部门应当按照统一标准和技术规范建立国家、省、市、县等互联互通的农村土地承包信息应用平台，健全土地经营权流转合同网签制度，提升土地经营权流转规范化、信息化管理水平。

第27条 县级以上地方人民政府农业农村主管（农村经营管理）部门应当加强对乡（镇）人民政府农村土地承包管理部门工作的指导。乡（镇）人民政府农村土地承包管理部门应当依法开展土地经营权流转的指导和管理工作。

第28条 县级以上地方人民政府农业农村主管（农村经营管理）部门应当加强服务，鼓励受让方发展粮食生产；鼓励和引导工商企业等社会资本（包括法人、非法人组织或者自然人等）发展适合企业化经营的现代种养业。

县级以上地方人民政府农业农村主管（农村经营管理）部门应当根据自然经济条件、农村劳动力转移情况、农业机械化水平等因素，引导受让方发展适度规模经营，防止垒大户。

第29条 县级以上地方人民政府对工商企业等社会资本流转土地经营权，依法建立分级资格审查和项目审核制度。审查审核的一般程序如下：

（一）受让主体与承包方就流转面积、期限、价款等进行协商并签订流转意向协议书。涉及未承包到户集体土地等集体资源的，应当按照法定程序经本集体经济组织成员的村民会议三分之二以上成员或者三分之二以上村民代表的同意，并与集体经济组织签订流转意向协议书。

（二）受让主体按照分级审查审核规定，分别向乡（镇）人民政府农村土地承包管理部门或者县级以上地方人民政府农业农村主管（农村经营管理）部门提出申请，并提交流转意向协议书、农业经营能力或者资质证明、流转项目规划等相关材料。

（三）县级以上地方人民政府或者乡（镇）人民政府应当依法组织相关职能部门、农村集体经济组织代表、农民代表、专家等就土地用途、受让主体农业经营能力，以及经营项目是否符合粮食生产等产业规划等进行审查审核，并于受理之日起20个工作日内作出审查审核意见。

（四）审查审核通过的，受让主体与承包方签订土地经营权流转合同。未按规定提交审查审核申请或者审查审核未通过的，不得开展土地经营权流转活动。

第30条　县级以上地方人民政府依法建立工商企业等社会资本通过流转取得土地经营权的风险防范制度，加强事中事后监管，及时查处纠正违法违规行为。

鼓励承包方和受让方在土地经营权流转市场或者农村产权交易市场公开交易。

对整村（组）土地经营权流转面积较大、涉及农户较多、经营风险较高的项目，流转双方可以协商设立风险保障金。

鼓励保险机构为土地经营权流转提供流转履约保证保险等多种形式保险服务。

第31条　农村集体经济组织为工商企业等社会资本流转土地经营权提供服务的，可以收取适量管理费用。收取管理费用的金额和方式应当由农村集体经济组织、承包方和工商企业等社会资本三方协商确定。管理费用应当纳入农村集体经济组织会计核算和财务管理，主要用于农田基本建设或者其他公益性支出。

第32条　县级以上地方人民政府可以根据本办法，结合本行政区域实际，制定工商企业等社会资本通过流转取得土地经营权的资格审查、项目审核和风险防范实施细则。

第33条 土地经营权流转发生争议或者纠纷的,当事人可以协商解决,也可以请求村民委员会、乡(镇)人民政府等进行调解。

当事人不愿意协商、调解或者协商、调解不成的,可以向农村土地承包仲裁机构申请仲裁,也可以直接向人民法院提起诉讼。

5.《不动产登记暂行条例实施细则》(2024年5月21日 自然资源部令第14号)

第105条 本实施细则施行前,依法核发的各类不动产权属证书继续有效。不动产权利未发生变更、转移的,不动产登记机构不得强制要求不动产权利人更换不动产权属证书。

不动产登记过渡期内,农业部会同自然资源部等部门负责指导农村土地承包经营权的统一登记工作,按照农业部有关规定办理耕地的土地承包经营权登记。不动产登记过渡期后,由自然资源部负责指导农村土地承包经营权登记工作。

● **地方性法规及文件**

6.《天津市不动产登记条例》(2019年5月30日)

第79条 在国家规定的不动产统一登记过渡期内,农村土地承包经营权登记工作由市农业行政管理部门按照国家和本市有关规定负责组织实施。

7.《河北省农村土地承包条例》(2013年7月25日)

第28条 乡、镇人民政府应当建立农村土地承包经营权流转情况登记册,及时准确记载农村土地承包经营权流转情况。以转包、出租或者其他方式流转的,及时办理相关登记;以转让、互换方式流转承包土地的,及时办理有关承包合同和土地承包经营权证变更等手续。

第29条 乡、镇人民政府应当对农村土地承包经营权流转合同及有关文件、文本、资料等进行归档并妥善保管。

第36条　土地承包经营权采取互换方式流转的，发包方应当分别与互换双方变更原土地承包合同。采取转让方式流转的，发包方应当与转出方变更或者解除原土地承包合同。

互换或者转让当事人要求土地承包经营权流转登记的，应当向县级人民政府申请登记。未经登记，不得对抗善意第三人。

● **案例指引**

房某某诉杨某某、车某某土地承包经营权合同纠纷案（人民法院案例库 2024-07-2-135-001）

裁判摘要：农村土地承包经营权证是农民享有土地权益的重要物权凭证，但同时要注意的是，土地承包经营权作为一种用益物权，其取得依据是土地承包经营权合同。确权登记颁证仅是行政机关对该项权利的登记确认。确权登记颁证不能改变双方当事人互换土地的效力。如土地承包经营权证记载与土地实际利用状况一致，应当认定其具有物权凭证的效力；如确权与土地实际利用状况不符，应当本着尊重当事人意思自治和客观事实的态度认定土地流转行为的效力。对于当事人实施了土地互换等承包经营权流转行为的，要尊重双方当事人的真实意思表示，依法确认互换行为有效，保护土地承包经营权的合法流通。

第五节　土地经营权

第三十六条　土地经营权设立

承包方可以自主决定依法采取出租（转包）、入股或者其他方式向他人流转土地经营权，并向发包方备案。

● **法　律**

1. 《民法典》（2020 年 5 月 28 日）

第 339 条　土地承包经营权人可以自主决定依法采取出租、

入股或者其他方式向他人流转土地经营权。

第342条 通过招标、拍卖、公开协商等方式承包农村土地,经依法登记取得权属证书的,可以依法采取出租、入股、抵押或者其他方式流转土地经营权。

第545条 债权人可以将债权的全部或者部分转让给第三人,但是有下列情形之一的除外:

(一)根据债权性质不得转让;

(二)按照当事人约定不得转让;

(三)依照法律规定不得转让。

当事人约定非金钱债权不得转让的,不得对抗善意第三人。当事人约定金钱债权不得转让的,不得对抗第三人。

2.《草原法》(2021年4月29日)

第15条 草原承包经营权受法律保护,可以按照自愿、有偿的原则依法转让。

草原承包经营权转让的受让方必须具有从事畜牧业生产的能力,并应当履行保护、建设和按照承包合同约定的用途合理利用草原的义务。

草原承包经营权转让应当经发包方同意。承包方与受让方在转让合同中约定的转让期限,不得超过原承包合同剩余的期限。

● 部门规章及文件

3.《农村土地经营权流转管理办法》(2021年1月26日 农业农村部令2021年第1号)

第6条 承包方在承包期限内有权依法自主决定土地经营权是否流转,以及流转对象、方式、期限等。

第7条 土地经营权流转收益归承包方所有,任何组织和个人不得擅自截留、扣缴。

第8条 承包方自愿委托发包方、中介组织或者他人流转其土地经营权的，应当由承包方出具流转委托书。委托书应当载明委托的事项、权限和期限等，并由委托人和受托人签字或者盖章。

没有承包方的书面委托，任何组织和个人无权以任何方式决定流转承包方的土地经营权。

第9条 土地经营权流转的受让方应当为具有农业经营能力或者资质的组织和个人。在同等条件下，本集体经济组织成员享有优先权。

第10条 土地经营权流转的方式、期限、价款和具体条件，由流转双方平等协商确定。流转期限届满后，受让方享有以同等条件优先续约的权利。

第11条 受让方应当依照有关法律法规保护土地，禁止改变土地的农业用途。禁止闲置、荒芜耕地，禁止占用耕地建窑、建坟或者擅自在耕地上建房、挖砂、采石、采矿、取土等。禁止占用永久基本农田发展林果业和挖塘养鱼。

第12条 受让方将流转取得的土地经营权再流转以及向金融机构融资担保的，应当事先取得承包方书面同意，并向发包方备案。

第13条 经承包方同意，受让方依法投资改良土壤，建设农业生产附属、配套设施，及农业生产中直接用于作物种植和畜禽水产养殖设施的，土地经营权流转合同到期或者未到期由承包方依法提前收回承包土地时，受让方有权获得合理补偿。具体补偿办法可在土地经营权流转合同中约定或者由双方协商确定。

第14条 承包方可以采取出租（转包）、入股或者其他符合有关法律和国家政策规定的方式流转土地经营权。

出租（转包），是指承包方将部分或者全部土地经营权，租赁给他人从事农业生产经营。

入股，是指承包方将部分或者全部土地经营权作价出资，成为公司、合作经济组织等股东或者成员，并用于农业生产经营。

第15条 承包方依法采取出租（转包）、入股或者其他方式将土地经营权部分或者全部流转的，承包方与发包方的承包关系不变，双方享有的权利和承担的义务不变。

第 16 条　承包方自愿将土地经营权入股公司发展农业产业化经营的，可以采取优先股等方式降低承包方风险。公司解散时入股土地应当退回原承包方。

● 司法解释及文件

4.《最高人民法院关于审理涉及农村土地承包纠纷案件适用法律问题的解释》（2020 年 12 月 29 日）

第 11 条　土地经营权流转中，本集体经济组织成员在流转价款、流转期限等主要内容相同的条件下主张优先权的，应予支持。但下列情形除外：

（一）在书面公示的合理期限内未提出优先权主张的；

（二）未经书面公示，在本集体经济组织以外的人开始使用承包地两个月内未提出优先权主张的。

第 13 条　承包方未经发包方同意，转让其土地承包经营权的，转让合同无效。但发包方无法定理由不同意或者拖延表态的除外。

第 14 条　承包方依法采取出租、入股或者其他方式流转土地经营权，发包方仅以该土地经营权流转合同未报其备案为由，请求确认合同无效的，不予支持。

第 18 条　本集体经济组织成员在承包费、承包期限等主要内容相同的条件下主张优先承包的，应予支持。但在发包方将农村土地发包给本集体经济组织以外的组织或者个人，已经法律规定的民主议定程序通过，并由乡（镇）人民政府批准后主张优先承包的，不予支持。

● 地方性法规及文件

5.《河北省农村土地承包条例》（2013 年 7 月 25 日）

第 16 条　以家庭承包方式取得的土地承包经营权可以依法

采取转包、出租、互换、转让、入股或者其他方式进行流转。

鼓励和支持承包土地向专业大户、家庭农场、农民合作社流转。

第21条 承包方自愿委托发包方或者其他组织和个人进行土地承包经营权流转的，应当出具书面委托书。委托书应当载明委托的事项、权限和期限等，并有委托人的签名或者盖章。流转合同应当由承包方或其书面委托的代理人签订。

没有承包方的书面委托，任何组织和个人无权以任何方式决定流转农户的承包土地。

第22条 以家庭承包方式承包的土地，土地承包经营权流转采取转包、出租方式的，如受让方再行流转，应当经原承包方同意。

以招标、拍卖、公开协商等方式承包农村土地，经依法登记取得土地承包经营权证或者林权证等证书的，其土地承包经营权可以依法采取转让、出租、入股、抵押或者其他方式流转。

6.《湖北省农村土地承包经营条例》（2012年7月27日）

第36条 承包方可以自行流转，也可以委托流转。

承包方委托流转的，应当由承包方出具签名或者盖章的流转委托书，载明委托的事项、权限、期限及流转费支付方式等。未经承包方书面委托，任何组织和个人以承包方名义与流转受让方签订的土地承包经营权流转合同无效。

第40条 承包方是土地承包经营权流转的主体，有权依法自主决定承包经营权是否流转、流转的对象和方式等，任何组织和个人不得强迫和阻碍。

土地承包经营权流转的期限、价款及支付方式等，由承包方和流转受让方在承包期内协商确定，土地承包经营管理部门应当予以指导、监督。

土地承包经营权流转收益归承包方所有，任何组织和个人不得擅自截留、扣缴。受承包方委托，集中连片流转的收益由发包方代为结算的,发包方应当将流转收益及时足额支付给承包方。

● 案例指引

郯城县泉源镇后某村诉宋某财、王某明土地承包经营权合同纠纷案(人民法院案例库 2024-11-2-135-004)

裁判摘要:在涉土地承包经营权纠纷中,承包方将土地流转他人时,如协议中未明确约定转让的是土地承包经营权还是土地经营权,在当事人对转让协议内容理解有分歧的情况下,应当根据鼓励交易、维护交易安全及诚实信用原则,认定土地转让行为系土地经营权的流转而非土地承包经营权的转让。

第三十七条　土地经营权人的基本权利

土地经营权人有权在合同约定的期限内占有农村土地,自主开展农业生产经营并取得收益。

第三十八条　土地经营权流转的原则

土地经营权流转应当遵循以下原则:

(一)依法、自愿、有偿,任何组织和个人不得强迫或者阻碍土地经营权流转;

(二)不得改变土地所有权的性质和土地的农业用途,不得破坏农业综合生产能力和农业生态环境;

(三)流转期限不得超过承包期的剩余期限;

(四)受让方须有农业经营能力或者资质;

(五)在同等条件下,本集体经济组织成员享有优先权。

● 法　律

1.《土地管理法》(2019 年 8 月 26 日)

第 4 条　国家实行土地用途管制制度。

国家编制土地利用总体规划，规定土地用途，将土地分为农用地、建设用地和未利用地。严格限制农用地转为建设用地，控制建设用地总量，对耕地实行特殊保护。

前款所称农用地是指直接用于农业生产的土地，包括耕地、林地、草地、农田水利用地、养殖水面等；建设用地是指建造建筑物、构筑物的土地，包括城乡住宅和公共设施用地、工矿用地、交通水利设施用地、旅游用地、军事设施用地等；未利用地是指农用地和建设用地以外的土地。

使用土地的单位和个人必须严格按照土地利用总体规划确定的用途使用土地。

第30条　国家保护耕地，严格控制耕地转为非耕地。

国家实行占用耕地补偿制度。非农业建设经批准占用耕地的，按照"占多少，垦多少"的原则，由占用耕地的单位负责开垦与所占用耕地的数量和质量相当的耕地；没有条件开垦或者开垦的耕地不符合要求的，应当按照省、自治区、直辖市的规定缴纳耕地开垦费，专款用于开垦新的耕地。

省、自治区、直辖市人民政府应当制定开垦耕地计划，监督占用耕地的单位按照计划开垦耕地或者按照计划组织开垦耕地，并进行验收。

第31条　县级以上地方人民政府可以要求占用耕地的单位将所占用耕地耕作层的土壤用于新开垦耕地、劣质地或者其他耕地的土壤改良。

第32条　省、自治区、直辖市人民政府应当严格执行土地利用总体规划和土地利用年度计划，采取措施，确保本行政区域内耕地总量不减少、质量不降低。耕地总量减少的，由国务院责令在规定期限内组织开垦与所减少耕地的数量与质量相当的耕地；耕地质量降低的，由国务院责令在规定期限内组织整治。新开垦和整治的耕地由国务院自然资源主管部门会同农业农村主管部门验收。

个别省、直辖市确因土地后备资源匮乏，新增建设用地后，新开垦耕地的数量不足以补偿所占用耕地的数量的，必须报经国务院批准减免本行政区域内开垦耕地的数量，易地开垦数量和质量相当的耕地。

第33条　国家实行永久基本农田保护制度。下列耕地应当根据土地利用总体规划划为永久基本农田，实行严格保护：

（一）经国务院农业农村主管部门或者县级以上地方人民政府批准确定的粮、棉、油、糖等重要农产品生产基地内的耕地；

（二）有良好的水利与水土保持设施的耕地，正在实施改造计划以及可以改造的中、低产田和已建成的高标准农田；

（三）蔬菜生产基地；

（四）农业科研、教学试验田；

（五）国务院规定应当划为永久基本农田的其他耕地。

各省、自治区、直辖市划定的永久基本农田一般应当占本行政区域内耕地的百分之八十以上，具体比例由国务院根据各省、自治区、直辖市耕地实际情况规定。

第34条　永久基本农田划定以乡（镇）为单位进行，由县级人民政府自然资源主管部门会同同级农业农村主管部门组织实施。永久基本农田应当落实到地块，纳入国家永久基本农田数据库严格管理。

乡（镇）人民政府应当将永久基本农田的位置、范围向社会公告，并设立保护标志。

第35条　永久基本农田经依法划定后，任何单位和个人不得擅自占用或者改变其用途。国家能源、交通、水利、军事设施等重点建设项目选址确实难以避让永久基本农田，涉及农用地转用或者土地征收的，必须经国务院批准。

禁止通过擅自调整县级土地利用总体规划、乡（镇）土地利用总体规划等方式规避永久基本农田农用地转用或者土地征收的审批。

第36条 各级人民政府应当采取措施,引导因地制宜轮作休耕,改良土壤,提高地力,维护排灌工程设施,防止土地荒漠化、盐渍化、水土流失和土壤污染。

第37条 非农业建设必须节约使用土地,可以利用荒地的,不得占用耕地;可以利用劣地的,不得占用好地。

禁止占用耕地建窑、建坟或者擅自在耕地上建房、挖砂、采石、采矿、取土等。

禁止占用永久基本农田发展林果业和挖塘养鱼。

第38条 禁止任何单位和个人闲置、荒芜耕地。已经办理审批手续的非农业建设占用耕地,一年内不用而又可以耕种并收获的,应当由原耕种该幅耕地的集体或者个人恢复耕种,也可以由用地单位组织耕种;一年以上未动工建设的,应当按照省、自治区、直辖市的规定缴纳闲置费;连续二年未使用的,经原批准机关批准,由县级以上人民政府无偿收回用地单位的土地使用权;该幅土地原为农民集体所有的,应当交由原农村集体经济组织恢复耕种。

在城市规划区范围内,以出让方式取得土地使用权进行房地产开发的闲置土地,依照《中华人民共和国城市房地产管理法》的有关规定办理。

第39条 国家鼓励单位和个人按照土地利用总体规划,在保护和改善生态环境、防止水土流失和土地荒漠化的前提下,开发未利用的土地;适宜开发为农用地的,应当优先开发成农用地。

国家依法保护开发者的合法权益。

第40条 开垦未利用的土地,必须经过科学论证和评估,在土地利用总体规划划定的可开垦的区域内,经依法批准后进行。禁止毁坏森林、草原开垦耕地,禁止围湖造田和侵占江河滩地。

根据土地利用总体规划，对破坏生态环境开垦、围垦的土地，有计划有步骤地退耕还林、还牧、还湖。

第41条　开发未确定使用权的国有荒山、荒地、荒滩从事种植业、林业、畜牧业、渔业生产的，经县级以上人民政府依法批准，可以确定给开发单位或者个人长期使用。

第42条　国家鼓励土地整理。县、乡（镇）人民政府应当组织农村集体经济组织，按照土地利用总体规划，对田、水、路、林、村综合整治，提高耕地质量，增加有效耕地面积，改善农业生产条件和生态环境。

地方各级人民政府应当采取措施，改造中、低产田，整治闲散地和废弃地。

第43条　因挖损、塌陷、压占等造成土地破坏，用地单位和个人应当按照国家有关规定负责复垦；没有条件复垦或者复垦不符合要求的，应当缴纳土地复垦费，专项用于土地复垦。复垦的土地应当优先用于农业。

2.《草原法》（2021年4月29日）

第15条　草原承包经营权受法律保护，可以按照自愿、有偿的原则依法转让。

草原承包经营权转让的受让方必须具有从事畜牧业生产的能力，并应当履行保护、建设和按照承包合同约定的用途合理利用草原的义务。

草原承包经营权转让应当经发包方同意。承包方与受让方在转让合同中约定的转让期限，不得超过原承包合同剩余的期限。

● 部门规章及文件

3.《农村土地经营权流转管理办法》（2021年1月26日　农业农村部令2021年第1号）

第2条　土地经营权流转应当坚持农村土地农民集体所有、

农户家庭承包经营的基本制度，保持农村土地承包关系稳定并长久不变，遵循依法、自愿、有偿原则，任何组织和个人不得强迫或者阻碍承包方流转土地经营权。

第3条 土地经营权流转不得损害农村集体经济组织和利害关系人的合法权益，不得破坏农业综合生产能力和农业生态环境，不得改变承包土地的所有权性质及其农业用途，确保农地农用，优先用于粮食生产，制止耕地"非农化"、防止耕地"非粮化"。

第4条 土地经营权流转应当因地制宜、循序渐进，把握好流转、集中、规模经营的度，流转规模应当与城镇化进程和农村劳动力转移规模相适应，与农业科技进步和生产手段改进程度相适应，与农业社会化服务水平提高相适应，鼓励各地建立多种形式的土地经营权流转风险防范和保障机制。

4.《农村土地经营权流转交易市场运行规范（试行）》（2016年6月29日 农经发〔2016〕9号）

第1条 在农村土地经营权流转交易市场内，进行农村土地经营权流转交易的，适用本规范。

本规范所指农村土地经营权流转交易市场，是指为农村土地经营权依法流转交易提供服务的平台，主要包括农村土地经营权流转服务中心、农村集体资产管理交易中心、农村产权交易中心（所）等。

第2条 农村土地经营权流转交易应具备以下条件：

（一）权属清晰无争议；

（二）交易双方必须是具有完全民事权利能力和民事行为能力的自然人、法人或其他组织，且有流转交易的真实意愿；

（三）流出方必须是产权权利人，或者受产权权利人委托的组织或个人；

（四）流转交易要符合法律法规和环境保护规划、农业产业发展规划、土地利用总体规划和城乡一体化建设规划等政策规定。

第3条 农村土地经营权流转交易市场的交易品种包括：

（一）家庭承包方式取得的土地经营权；

（二）其他承包方式取得的土地经营权；

（三）集体经济组织未发包的土地经营权；

（四）其他依法可流转交易的土地经营权。

第4条 农村集体经济组织、承包农户、家庭农场、专业大户、农民专业合作社、农业企业等各类农业经营主体，以及具备农业生产经营能力的其他组织或个人均可以依法在农村土地经营权流转交易市场进行交易。

第5条 流出方在农村土地经营权流转交易市场进行交易，应提交以下材料：

（一）家庭承包方式取得的土地经营权：

1. 身份证明；

2.《农村土地承包经营权证》；

3. 农村集体经济组织或中介组织（个人）受托流转承包土地的，应当提供书面委托书；

4. 土地情况介绍书（主要包括土地位置、四至、面积、质量等级、利用现状、预期价格、流转方式、流转用途等内容）；

5. 农村土地经营权流转交易市场要求提供的其他材料。

（二）其他承包方式取得的土地经营权：

1. 身份证明；

2.《农村土地承包经营权证》或其他权属证明材料；

3. 土地情况介绍书（主要包括土地位置、四至、面积、质量等级、利用现状、预期价格、流转方式、流转用途等内容）；

4. 农村土地经营权流转交易市场要求提供的其他材料。

（三）农村集体经济组织未发包的土地经营权：

1. 农村集体经济组织主体资格证明材料；

2. 具体承办人的身份证明；

3. 集体土地所有权权属证明材料；

4. 农村集体经济组织成员的村民会议三分之二以上成员或者三分之二以上村民代表签署同意流转土地的书面证明；

5. 土地情况介绍书（主要包括土地位置、四至、面积、质量等级、利用现状、预期价格及作价依据、流转方式、流转用途等内容）；

6. 农村土地经营权流转交易市场要求提供的其他材料。

（四）其他依法可流转交易的土地经营权参照以上情形，按照农村土地经营权流转交易市场要求提供相关材料。

第6条 流入方在农村土地经营权流转交易市场进行交易，应提交以下材料：

（一）身份证明等主体资格证明材料；

（二）流入申请（主要包括流入土地的用途、面积、期限等内容）；

（三）流入土地超过当地规定标准的，需提供农业经营能力等证明，项目可行性报告，以及有权批准机构准予流转交易的证明；

（四）农村土地经营权流转交易市场要求提供的其他材料。

第7条 交易双方应当对所提交材料的真实性、完整性、合法性、有效性负责。

第8条 流出方和流入方与农村土地经营权流转交易市场签署流转交易服务协议，明确农村土地经营权流转交易市场提供的服务内容及协议双方的权利、义务。

第9条 农村土地经营权流转交易市场公开发布供求信息。信息主要包括以下内容：

（一）流转土地的基本情况（主要包括土地位置、四至、面积、质量等级、利用现状、预期价格、流转方式、流转用途等内容）；

（二）流出方或流入方的基本情况和相关条件；

（三）需要公布的其他事项。

第10条　土地经营权流转信息的发布公示期限不少于10个工作日。同一宗土地的经营权再次流转交易须设定间隔期限。在公示期限内，如出现重大变化，应及时发布变更信息，并重新计算公示期限。公示期结束后，农村土地经营权流转市场组织交易。

第11条　土地经营权流出方或流入方可以委托具有资质的评估机构对土地经营权流转交易价格进行评估。

第12条　集体经济组织未发包的土地经营权流转交易底价应当由农民集体民主协商决定。

第13条　交易双方应参照土地经营权流转交易合同示范文本订立合同，主要包括以下内容：

（一）双方的基本信息；

（二）流转土地的四至、坐落、面积、质量等级；

（三）流转的期限和起止日期；

（四）流转土地的用途；

（五）流转价款及支付方式；

（六）合同到期后地上附着物及相关设施的处理；

（七）双方的权利和义务；

（八）双方的违约责任、争议解决方式、合同变更和解除的条件；

（九）双方认为需要约定的其他事项。

第14条　流转交易合同到期后，流入方在同等条件下可优先续约。

第15条　按照农村土地经营权流转交易市场的相关要求，流转交易双方签订合同后，可以获得农村土地经营权流转交易市场提供的流转交易鉴证。

第16条 农村土地经营权流转交易鉴证应载明如下事项：

（一）项目编号；

（二）签约日期；

（三）流出方及委托人全称；

（四）流入方及委托人全称；

（五）合同期限和起止日期；

（六）成交金额；

（七）支付方式；

（八）其他事项。

第17条 交易过程中，交易双方合同签订前，有以下情形之一的，经流出方、流入方或者第三方提出申请，农村土地经营权流转交易市场确认后，可以中止交易：

（一）农村土地经营权存在权属争议且尚未解决的；

（二）因不可抗力致使交易活动不能按约定的期限和程序进行的；

（三）其他情况导致交易中止的。

第18条 交易过程中，交易双方合同签订前，有以下情形之一的，农村土地经营权流转交易市场可以终止交易：

（一）中止交易后未能消除影响交易中止的因素导致交易无法继续进行的；

（二）人民法院、仲裁机构等单位依法发出终止交易书面通知的；

（三）其他需要终止交易的。

第19条 经有权机关授权，农村土地经营权流转交易市场可以开展土地经营权抵押登记。

第20条 土地经营权抵押人向农村土地经营权流转交易市场提出抵押登记申请的，应提供以下材料：

（一）农村土地经营权抵押申请；

（二）抵押登记申请人身份证明，法人和其他组织还需提供统一社会信用代码、工商营业执照副本或其他证明材料；

（三）相关方同意土地经营权用于抵押和合法再流转的证明；

（四）土地经营权权属证明材料或土地经营权流转交易鉴证；

（五）农村土地经营权流转交易市场要求提供的其他材料。

第21条　农村土地经营权流转交易市场应当将交易过程中形成的文字、图片等相关资料妥善保存，建立健全档案管理制度。

第22条　相关权利人可以获得档案信息查询服务，农村土地经营权流转交易市场在提供档案查询服务时，不得损害国家安全和利益，不得损害社会和其他组织的利益，不得侵犯他人合法权益。

第23条　农村土地经营权流转交易市场应交易双方要求，可以组织提供法律咨询、资产评估、会计审计、项目策划、金融保险等服务。提供有关服务的收费标准，根据相关规定由当地物价部门核定并予以公示。

第24条　农村土地经营权流转交易市场应当制定工作规程和采取必要措施，保障农村土地经营权流转交易公开、公正、规范运行，自觉接受社会公众监督和依法接受有关部门管理。

第25条　农村土地经营权流转交易发生争议或者纠纷，相关权利人可以依法申请调解、仲裁或提起诉讼。

● 司法解释及文件

5.《最高人民法院关于审理涉及农村土地承包纠纷案件适用法律问题的解释》（2020年12月29日）

第12条　发包方胁迫承包方将土地经营权流转给第三人，承包方请求撤销其与第三人签订的流转合同的，应予支持。

发包方阻碍承包方依法流转土地经营权，承包方请求排除妨碍、赔偿损失的，应予支持。

● 地方性法规及文件

6. 《湖北省农村土地承包经营条例》（2012年7月27日）

第34条 土地承包经营权流转应当在坚持农户家庭承包经营制度和稳定土地承包关系的基础上，依法、自愿、有偿进行。

土地承包经营权流转不得改变承包地的集体所有性质，不得改变土地用途，不得损害农民土地承包权益。

第39条 家庭承包经营的土地承包权转让只能在同一集体经济组织内进行。转让双方应当事先向发包方提出书面申请，发包方应当在收到书面申请之日起十五日内给予答复。不同意转让的，应当书面说明理由。

第40条 承包方是土地承包经营权流转的主体，有权依法自主决定承包经营权是否流转、流转的对象和方式等，任何组织和个人不得强迫和阻碍。

第41条 承包方、流转受让方应当依法保护和合理利用土地，不得改变基本农田的性质。

第42条 以家庭方式承包土地，承包方不能耕种的，应当委托他人代耕或者依法流转。弃耕抛荒连续两年以上的，发包方可以组织代耕，并书面通知承包方，但不得收回其承包地。承包方要求继续耕作其承包地的，应当提前通知发包方。

县级以上人民政府应当对弃耕抛荒土地建立调查统计制度，制定激励措施，鼓励各类经营主体承租、经营弃耕抛荒土地，做好土地承包经营权流转工作。

7. 《河北省农村土地承包条例》（2013年7月25日）

第18条 土地承包经营权流转，应当遵循依法、自愿、有偿的原则。

土地承包经营权流转，不得改变土地集体所有性质，不得改变土地的农业用途，不得超过承包期的剩余期限，不得损害承包方或者当事人的土地承包权益。

土地承包经营权依法流转时，承包方或者受让方要求发包方提供协助的，发包方应当提供协助。

任何组织和个人不得强迫或者妨碍承包方依法流转土地承包经营权，不得截留、扣缴承包方的流转收益。

第23条　当事人对转包、出租地未依法约定流转期限或者约定不明的，转出方有权自主决定收回承包地，但应当提前二个月通知受让方。承包地收回的时间应当在农作物收获期结束后或者下一个耕种期开始前。当事人另有约定或者属于林地承包经营的除外。

转出方依照前款规定收回承包地的，应当对受让方就提高土地生产能力的投入给予相应的补偿。

第25条　以家庭承包方式承包的土地，土地承包经营权流转采取转让方式的，应当符合下列条件：

（一）转出方有稳定的非农职业或者有稳定的收入来源；

（二）转出方有民事行为能力的家庭各成员签字确认；

（三）受让方为从事农业生产经营的农户；

（四）发包方在转让合同书上签字盖章。

第37条　有下列情形之一的，土地承包合同或者土地承包经营权流转合同无效：

（一）以欺诈、胁迫的手段订立合同，损害国家、集体或者第三人利益的；

（二）发包方无权发包、未按照法定程序发包，以及未按照依法讨论通过的土地承包方案发包的；

（三）强迫承包方进行土地承包经营权流转的；

（四）承包方违反法律、行政法规规定转让承包地的；

（五）土地承包经营权以转包、出租、入股等方式流转后，受让方未经转出方同意再行流转且转出方不予认可的；

（六）不属于同一集体经济组织的承包方互换土地承包经营

权的；

（七）以其他方式承包的土地，未经发包方同意，以及未依法登记取得土地承包经营权证或者林权证等证书，进行土地承包经营权流转的；

（八）改变土地农业用途的；

（九）其他违反法律、行政法规规定的。

土地承包合同或者土地承包经营权流转合同的无效，由当事人或者有利害关系的第三人提出确认申请，由农村土地承包仲裁委员会或者人民法院依法确认。

第三十九条　土地经营权流转价款

土地经营权流转的价款，应当由当事人双方协商确定。流转的收益归承包方所有，任何组织和个人不得擅自截留、扣缴。

● 法　律

1.《农业法》（2012年12月28日）

第90条　违反本法规定，侵害农民和农业生产经营组织的土地承包经营权等财产权或者其他合法权益的，应当停止侵害，恢复原状；造成损失、损害的，依法承担赔偿责任。

国家工作人员利用职务便利或者以其他名义侵害农民和农业生产经营组织的合法权益的，应当赔偿损失，并由其所在单位或者上级主管机关给予行政处分。

● 部门规章及文件

2.《农村土地经营权流转管理办法》（2021年1月26日　农业农村部令2021年第1号）

第7条　土地经营权流转收益归承包方所有，任何组织和个人不得擅自截留、扣缴。

第 10 条　土地经营权流转的方式、期限、价款和具体条件，由流转双方平等协商确定。流转期限届满后，受让方享有以同等条件优先续约的权利。

● 司法解释及文件

3.《最高人民法院关于审理涉及农村土地承包纠纷案件适用法律问题的解释》（2020 年 12 月 29 日）

第 18 条　本集体经济组织成员在承包费、承包期限等主要内容相同的条件下主张优先承包的，应予支持。但在发包方将农村土地发包给本集体经济组织以外的组织或者个人，已经法律规定的民主议定程序通过，并由乡（镇）人民政府批准后主张优先承包的，不予支持。

第四十条　土地经营权流转合同

土地经营权流转，当事人双方应当签订书面流转合同。

土地经营权流转合同一般包括以下条款：

（一）双方当事人的姓名、住所；

（二）流转土地的名称、坐落、面积、质量等级；

（三）流转期限和起止日期；

（四）流转土地的用途；

（五）双方当事人的权利和义务；

（六）流转价款及支付方式；

（七）土地被依法征收、征用、占用时有关补偿费的归属；

（八）违约责任。

承包方将土地交由他人代耕不超过一年的，可以不签订书面合同。

● 部门规章及文件

1. 《农村土地经营权流转管理办法》(2021年1月26日 农业农村部令2021年第1号)

第17条 承包方流转土地经营权,应当与受让方在协商一致的基础上签订书面流转合同,并向发包方备案。

承包方将土地交由他人代耕不超过一年的,可以不签订书面合同。

第18条 承包方委托发包方、中介组织或者他人流转土地经营权的,流转合同应当由承包方或者其书面委托的受托人签订。

第19条 土地经营权流转合同一般包括以下内容:

(一)双方当事人的姓名或者名称、住所、联系方式等;

(二)流转土地的名称、四至、面积、质量等级、土地类型、地块代码等;

(三)流转的期限和起止日期;

(四)流转方式;

(五)流转土地的用途;

(六)双方当事人的权利和义务;

(七)流转价款或者股份分红,以及支付方式和支付时间;

(八)合同到期后地上附着物及相关设施的处理;

(九)土地被依法征收、征用、占用时有关补偿费的归属;

(十)违约责任。

土地经营权流转合同示范文本由农业农村部制定。

第20条 承包方不得单方解除土地经营权流转合同,但受让方有下列情形之一的除外:

(一)擅自改变土地的农业用途;

(二)弃耕抛荒连续两年以上;

(三)给土地造成严重损害或者严重破坏土地生态环境;

(四)其他严重违约行为。

有以上情形,承包方在合理期限内不解除土地经营权流转合同的,发包方有权要求终止土地经营权流转合同。

受让方对土地和土地生态环境造成的损害应当依法予以赔偿。

● 地方性法规及文件

2.《湖北省农村土地承包经营条例》(2012年7月27日)

第37条 土地承包经营权流转应当签订书面合同。流转主体涉及多个当事人的,合同可以由流转双方直接签订,也可以采取委托代理方式签订。

流转合同一式四份,流转双方、发包方和乡级土地承包经营管理机构各执一份。

土地承包经营权流转合同示范文本由省人民政府农业行政主管部门统一制定。

第38条 在土地承包经营权流转期间,因国家政策重大调整的,经双方协商可以对合同的有关条款作相应修改,或者依法解除合同。

3.《河北省农村土地承包条例》(2013年7月25日)

第19条 土地承包经营权流转双方当事人应当依法签订书面流转合同。

农村土地承包经营权流转合同文本格式由省人民政府农业、林业等农村土地承包管理部门确定。

农村土地承包经营权流转合同一式四份,流转双方各执一份,发包方和乡、镇人民政府各备案一份。

承包方将土地委托他人耕种不超过一年的,可以不签订书面合同。

第20条 乡、镇人民政府应当向达成流转意向的承包方提供统一文本格式的流转合同,并指导签订。

第四十一条　土地经营权流转的登记

土地经营权流转期限为五年以上的,当事人可以向登记机构申请土地经营权登记。未经登记,不得对抗善意第三人。

第四十二条　土地经营权流转合同单方解除权

承包方不得单方解除土地经营权流转合同,但受让方有下列情形之一的除外:

（一）擅自改变土地的农业用途;

（二）弃耕抛荒连续两年以上;

（三）给土地造成严重损害或者严重破坏土地生态环境;

（四）其他严重违约行为。

第四十三条　土地经营权受让方依法投资并获得补偿

经承包方同意,受让方可以依法投资改良土壤,建设农业生产附属、配套设施,并按照合同约定对其投资部分获得合理补偿。

第四十四条　承包方流转土地经营权后与发包方承包关系不变

承包方流转土地经营权的,其与发包方的承包关系不变。

第四十五条　建立社会资本取得土地经营权的资格审查等制度

县级以上地方人民政府应当建立工商企业等社会资本通过流转取得土地经营权的资格审查、项目审核和风险防范制度。

工商企业等社会资本通过流转取得土地经营权的,本集体经济组织可以收取适量管理费用。

具体办法由国务院农业农村、林业和草原主管部门规定。

第四十六条　土地经营权的再流转

经承包方书面同意，并向本集体经济组织备案，受让方可以再流转土地经营权。

第四十七条　土地经营权融资担保

承包方可以用承包地的土地经营权向金融机构融资担保，并向发包方备案。受让方通过流转取得的土地经营权，经承包方书面同意并向发包方备案，可以向金融机构融资担保。

担保物权自融资担保合同生效时设立。当事人可以向登记机构申请登记；未经登记，不得对抗善意第三人。

实现担保物权时，担保物权人有权就土地经营权优先受偿。

土地经营权融资担保办法由国务院有关部门规定。

第三章　其他方式的承包

第四十八条　其他承包方式

不宜采取家庭承包方式的荒山、荒沟、荒丘、荒滩等农村土地，通过招标、拍卖、公开协商等方式承包的，适用本章规定。

● 法　律

1. 《民法典》（2020 年 5 月 28 日）

第 339 条　土地承包经营权人可以自主决定依法采取出租、入股或者其他方式向他人流转土地经营权。

- **部门规章及文件**

2.《农村土地经营权流转管理办法》(2021年1月26日 农业农村部令2021年第1号)

第35条 通过招标、拍卖和公开协商等方式承包荒山、荒沟、荒丘、荒滩等农村土地,经依法登记取得权属证书的,可以流转土地经营权,其流转管理参照本办法执行。

- **地方性法规及文件**

3.《湖南省实施〈中华人民共和国农村土地承包法〉办法》(2021年3月31日)

第三章 其他方式的承包

第23条 不宜采取家庭承包方式的荒山、荒沟、荒丘、荒滩(洲)、茶(果、园艺)场、养殖水面等农村土地,应当采取招标、拍卖、公开协商等方式承包。

承包方案应当明确招标、拍卖、公开协商等方式的具体程序,并按照本办法第七条的规定事先经本集体组织三分之二以上的成员同意。

第24条 发包方与承包方应当按照本办法第八条的规定签订书面承包合同;需要申领土地承包经营权证或者林权证等证书的,按照本办法第九条第二款规定办理。

第四十九条	以其他方式承包农村土地时承包合同的签订

以其他方式承包农村土地的,应当签订承包合同,承包方取得土地经营权。当事人的权利和义务、承包期限等,由双方协商确定。以招标、拍卖方式承包的,承包费通过公开竞标、竞价确定;以公开协商等方式承包的,承包费由双方议定。

● 法　律

1. 《拍卖法》(2015年4月24日)

第46条　拍卖公告应当载明下列事项：

（一）拍卖的时间、地点；

（二）拍卖标的；

（三）拍卖标的展示时间、地点；

（四）参与竞买应当办理的手续；

（五）需要公告的其他事项。

第47条　拍卖公告应当通过报纸或者其他新闻媒介发布。

第48条　拍卖人应当在拍卖前展示拍卖标的，并提供查看拍卖标的的条件及有关资料。

拍卖标的的展示时间不得少于两日。

第49条　拍卖师应当于拍卖前宣布拍卖规则和注意事项。

第50条　拍卖标的无保留价的，拍卖师应当在拍卖前予以说明。

拍卖标的有保留价的，竞买人的最高应价未达到保留价时，该应价不发生效力，拍卖师应当停止拍卖标的的拍卖。

第51条　竞买人的最高应价经拍卖师落槌或者以其他公开表示买定的方式确认后，拍卖成交。

第52条　拍卖成交后，买受人和拍卖人应当签署成交确认书。

第53条　拍卖人进行拍卖时，应当制作拍卖笔录。拍卖笔录应当由拍卖师、记录人签名；拍卖成交的，还应当由买受人签名。

第54条　拍卖人应当妥善保管有关业务经营活动的完整账簿、拍卖笔录和其他有关资料。

前款规定的账簿、拍卖笔录和其他有关资料的保管期限，自委托拍卖合同终止之日起计算，不得少于五年。

第55条　拍卖标的需要依法办理证照变更、产权过户手续的，委托人、买受人应当持拍卖人出具的成交证明和有关材料，向有关行政管理机关办理手续。

2. 《**招标投标法**》（2017 年 12 月 27 日）

第 34 条 开标应当在招标文件确定的提交投标文件截止时间的同一时间公开进行；开标地点应当为招标文件中预先确定的地点。

第 35 条 开标由招标人主持，邀请所有投标人参加。

第 36 条 开标时，由投标人或者其推选的代表检查投标文件的密封情况，也可以由招标人委托的公证机构检查并公证；经确认无误后，由工作人员当众拆封，宣读投标人名称、投标价格和投标文件的其他主要内容。

招标人在招标文件要求提交投标文件的截止时间前收到的所有投标文件，开标时都应当当众予以拆封、宣读。

开标过程应当记录，并存档备查。

第 37 条 评标由招标人依法组建的评标委员会负责。

依法必须进行招标的项目，其评标委员会由招标人的代表和有关技术、经济等方面的专家组成，成员人数为 5 人以上单数，其中技术、经济等方面的专家不得少于成员总数的 2/3。

前款专家应当从事相关领域工作满 8 年并具有高级职称或者具有同等专业水平，由招标人从国务院有关部门或者省、自治区、直辖市人民政府有关部门提供的专家名册或者招标代理机构的专家库内的相关专业的专家名单中确定；一般招标项目可以采取随机抽取方式，特殊招标项目可以由招标人直接确定。

与投标人有利害关系的人不得进入相关项目的评标委员会；已经进入的应当更换。

评标委员会成员的名单在中标结果确定前应当保密。

第 38 条 招标人应当采取必要的措施，保证评标在严格保密的情况下进行。

任何单位和个人不得非法干预、影响评标的过程和结果。

第39条　评标委员会可以要求投标人对投标文件中含义不明确的内容作必要的澄清或者说明，但是澄清或者说明不得超出投标文件的范围或者改变投标文件的实质性内容。

第40条　评标委员会应当按照招标文件确定的评标标准和方法，对投标文件进行评审和比较；设有标底的，应当参考标底。评标委员会完成评标后，应当向招标人提出书面评标报告，并推荐合格的中标候选人。

招标人根据评标委员会提出的书面评标报告和推荐的中标候选人确定中标人。招标人也可以授权评标委员会直接确定中标人。

国务院对特定招标项目的评标有特别规定的，从其规定。

第41条　中标人的投标应当符合下列条件之一：

（一）能够最大限度地满足招标文件中规定的各项综合评价标准；

（二）能够满足招标文件的实质性要求，并且经评审的投标价格最低；但是投标价格低于成本的除外。

第42条　评标委员会经评审，认为所有投标都不符合招标文件要求的，可以否决所有投标。

依法必须进行招标的项目的所有投标被否决的，招标人应当依照本法重新招标。

第43条　在确定中标人前，招标人不得与投标人就投标价格、投标方案等实质性内容进行谈判。

第44条　评标委员会成员应当客观、公正地履行职务，遵守职业道德，对所提出的评审意见承担个人责任。

评标委员会成员不得私下接触投标人，不得收受投标人的财物或者其他好处。

评标委员会成员和参与评标的有关工作人员不得透露对投标文件的评审和比较、中标候选人的推荐情况以及与评标有关的其他情况。

> 第五十条 荒山、荒沟、荒丘、荒滩等的承包经营方式
>
> 荒山、荒沟、荒丘、荒滩等可以直接通过招标、拍卖、公开协商等方式实行承包经营,也可以将土地经营权折股分给本集体经济组织成员后,再实行承包经营或者股份合作经营。
>
> 承包荒山、荒沟、荒丘、荒滩的,应当遵守有关法律、行政法规的规定,防止水土流失,保护生态环境。

● 法 律

1. 《森林法》(2019年12月28日)

第39条 禁止毁林开垦、采石、采砂、采土以及其他毁坏林木和林地的行为。

禁止向林地排放重金属或者其他有毒有害物质含量超标的污水、污泥,以及可能造成林地污染的清淤底泥、尾矿、矿渣等。

禁止在幼林地砍柴、毁苗、放牧。

禁止擅自移动或者损坏森林保护标志。

2. 《水土保持法》(2010年12月25日)

第20条 禁止在二十五度以上陡坡地开垦种植农作物。在二十五度以上陡坡地种植经济林的,应当科学选择树种,合理确定规模,采取水土保持措施,防止造成水土流失。

省、自治区、直辖市根据本行政区域的实际情况,可以规定小于二十五度的禁止开垦坡度。禁止开垦的陡坡地的范围由当地县级人民政府划定并公告。

第23条 在五度以上坡地植树造林、抚育幼林、种植中药材等,应当采取水土保持措施。

在禁止开垦坡度以下、五度以上的荒坡地开垦种植农作物,应当采取水土保持措施。具体办法由省、自治区、直辖市根据本行政区域的实际情况规定。

第34条 国家鼓励和支持承包治理荒山、荒沟、荒丘、荒滩，防治水土流失，保护和改善生态环境，促进土地资源的合理开发和可持续利用，并依法保护土地承包合同当事人的合法权益。

承包治理荒山、荒沟、荒丘、荒滩和承包水土流失严重地区农村土地的，在依法签订的土地承包合同中应当包括预防和治理水土流失责任的内容。

第37条 已在禁止开垦的陡坡地上开垦种植农作物的，应当按照国家有关规定退耕，植树种草；耕地短缺、退耕确有困难的，应当修建梯田或者采取其他水土保持措施。

在禁止开垦坡度以下的坡耕地上开垦种植农作物的，应当根据不同情况，采取修建梯田、坡面水系整治、蓄水保土耕作或者退耕等措施。

3.《农业法》（2012年12月28日）

第62条 禁止毁林毁草开垦、烧山开垦以及开垦国家禁止开垦的陡坡地，已经开垦的应当逐步退耕还林、还草。

禁止围湖造田以及围垦国家禁止围垦的湿地。已经围垦的，应当逐步退耕还湖、还湿地。

对在国务院批准规划范围内实施退耕的农民，应当按照国家规定予以补助。

● 地方性法规及文件

4.《湖北省农村土地承包经营条例》（2012年7月27日）

第13条 以招标、拍卖、公开协商等方式发包荒山、荒沟、荒丘、荒滩等农村土地，应当事先经本集体经济组织成员的村民会议三分之二以上成员或者三分之二以上村民代表同意，并制定发包方案。将农村土地发包给本集体经济组织以外的单位或个人承包的，还应报乡级人民政府批准。

发包方案应当包括下列内容：土地的名称、坐落、面积、用途，发包方式、底价、申请人的资信情况、经营能力、承包期限等。

在同等条件下,本集体经济组织成员享有优先承包权。

第35条　通过家庭承包取得的土地承包经营权可以采取转包、出租、互换、转让、股份合作等多种形式流转。

通过招标、拍卖、公开协商等方式承包的农村土地依法登记取得土地承包经营权证的,在承包期内可以依法采取转让、出租、入股、抵押或者其他方式流转。

> **第五十一条**　**本集体经济组织成员有权优先承包**
>
> 以其他方式承包农村土地,在同等条件下,本集体经济组织成员有权优先承包。

● **部门规章及文件**

《农村土地经营权流转管理办法》(2021年1月26日　农业农村部令2021年第1号)

第9条　土地经营权流转的受让方应当为具有农业经营能力或者资质的组织和个人。在同等条件下,本集体经济组织成员享有优先权。

> **第五十二条**　**将农村土地发包给本集体经济组织以外的单位或者个人承包的程序**
>
> 发包方将农村土地发包给本集体经济组织以外的单位或者个人承包,应当事先经本集体经济组织成员的村民会议三分之二以上成员或者三分之二以上村民代表的同意,并报乡(镇)人民政府批准。
>
> 由本集体经济组织以外的单位或者个人承包的,应当对承包方的资信情况和经营能力进行审查后,再签订承包合同。

● 法　律

1.《土地管理法》（2019年8月26日）

　　第13条　农民集体所有和国家所有依法由农民集体使用的耕地、林地、草地，以及其他依法用于农业的土地，采取农村集体经济组织内部的家庭承包方式承包，不宜采取家庭承包方式的荒山、荒沟、荒丘、荒滩等，可以采取招标、拍卖、公开协商等方式承包，从事种植业、林业、畜牧业、渔业生产。家庭承包的耕地的承包期为三十年，草地的承包期为三十年至五十年，林地的承包期为三十年至七十年；耕地承包期届满后再延长三十年，草地、林地承包期届满后依法相应延长。

　　国家所有依法用于农业的土地可以由单位或者个人承包经营，从事种植业、林业、畜牧业、渔业生产。

　　发包方和承包方应当依法订立承包合同，约定双方的权利和义务。承包经营土地的单位和个人，有保护和按照承包合同约定的用途合理利用土地的义务。

　　第38条　禁止任何单位和个人闲置、荒芜耕地。已经办理审批手续的非农业建设占用耕地，一年内不用而又可以耕种并收获的，应当由原耕种该幅耕地的集体或者个人恢复耕种，也可以由用地单位组织耕种；一年以上未动工建设的，应当按照省、自治区、直辖市的规定缴纳闲置费；连续二年未使用的，经原批准机关批准，由县级以上人民政府无偿收回用地单位的土地使用权；该幅土地原为农民集体所有的，应当交由原农村集体经济组织恢复耕种。

　　在城市规划区范围内，以出让方式取得土地使用权进行房地产开发的闲置土地，依照《中华人民共和国城市房地产管理法》的有关规定办理。

2.《草原法》（2021年4月29日）

　　第13条　集体所有的草原或者依法确定给集体经济组织使

用的国家所有的草原，可以由本集体经济组织内的家庭或者联户承包经营。

在草原承包经营期内，不得对承包经营者使用的草原进行调整；个别确需适当调整的，必须经本集体经济组织成员的村（牧）民会议三分之二以上成员或者三分之二以上村（牧）民代表的同意，并报乡（镇）人民政府和县级人民政府草原行政主管部门批准。

集体所有的草原或者依法确定给集体经济组织使用的国家所有的草原由本集体经济组织以外的单位或者个人承包经营的，必须经本集体经济组织成员的村（牧）民会议三分之二以上成员或者三分之二以上村（牧）民代表的同意，并报乡（镇）人民政府批准。

> **第五十三条** 以其他方式承包农村土地后，土地经营权的流转
> 通过招标、拍卖、公开协商等方式承包农村土地，经依法登记取得权属证书的，可以依法采取出租、入股、抵押或者其他方式流转土地经营权。

● **法　律**

《民法典》（2020年5月28日）

第342条　通过招标、拍卖、公开协商等方式承包农村土地，经依法登记取得权属证书的，可以依法采取出租、入股、抵押或者其他方式流转土地经营权。

第395条　债务人或者第三人有权处分的下列财产可以抵押：

（一）建筑物和其他土地附着物；

（二）建设用地使用权；

（三）海域使用权；

（四）生产设备、原材料、半成品、产品；

（五）正在建造的建筑物、船舶、航空器；

（六）交通运输工具；

（七）法律、行政法规未禁止抵押的其他财产。

抵押人可以将前款所列财产一并抵押。

第399条　下列财产不得抵押：

（一）土地所有权；

（二）宅基地、自留地、自留山等集体所有土地的使用权，但是法律规定可以抵押的除外；

（三）学校、幼儿园、医疗机构等为公益目的成立的非营利法人的教育设施、医疗卫生设施和其他公益设施；

（四）所有权、使用权不明或者有争议的财产；

（五）依法被查封、扣押、监管的财产；

（六）法律、行政法规规定不得抵押的其他财产。

第五十四条　以其他方式取得的土地承包经营权的继承

依照本章规定通过招标、拍卖、公开协商等方式取得土地经营权的，该承包人死亡，其应得的承包收益，依照继承法的规定继承；在承包期内，其继承人可以继续承包。

● 司法解释及文件

《最高人民法院关于适用〈中华人民共和国民法典〉继承编的解释（一）》（2020年12月29日）

第2条　承包人死亡时尚未取得承包收益的，可以将死者生前对承包所投入的资金和所付出的劳动及其增值和孳息，由发包单位或者接续承包合同的人合理折价、补偿。其价额作为遗产。

第四章 争议的解决和法律责任

第五十五条　土地承包经营纠纷的解决方式

因土地承包经营发生纠纷的,双方当事人可以通过协商解决,也可以请求村民委员会、乡(镇)人民政府等调解解决。

当事人不愿协商、调解或者协商、调解不成的,可以向农村土地承包仲裁机构申请仲裁,也可以直接向人民法院起诉。

● 法　律

1.《土地管理法》(2019年8月26日)

第14条　土地所有权和使用权争议,由当事人协商解决;协商不成的,由人民政府处理。

单位之间的争议,由县级以上人民政府处理;个人之间、个人与单位之间的争议,由乡级人民政府或者县级以上人民政府处理。

当事人对有关人民政府的处理决定不服的,可以自接到处理决定通知之日起三十日内,向人民法院起诉。

在土地所有权和使用权争议解决前,任何一方不得改变土地利用现状。

2.《民法典》(2020年5月28日)

第233条　物权受到侵害的,权利人可以通过和解、调解、仲裁、诉讼等途径解决。

第234条　因物权的归属、内容发生争议的,利害关系人可以请求确认权利。

3.《农村土地承包经营纠纷调解仲裁法》(2009年6月27日)

第一章　总　　则

第1条　为了公正、及时解决农村土地承包经营纠纷,维护当事人的合法权益，促进农村经济发展和社会稳定，制定本法。

第2条　农村土地承包经营纠纷调解和仲裁，适用本法。

农村土地承包经营纠纷包括：

（一）因订立、履行、变更、解除和终止农村土地承包合同发生的纠纷；

（二）因农村土地承包经营权转包、出租、互换、转让、入股等流转发生的纠纷；

（三）因收回、调整承包地发生的纠纷；

（四）因确认农村土地承包经营权发生的纠纷；

（五）因侵害农村土地承包经营权发生的纠纷；

（六）法律、法规规定的其他农村土地承包经营纠纷。

因征收集体所有的土地及其补偿发生的纠纷，不属于农村土地承包仲裁委员会的受理范围，可以通过行政复议或者诉讼等方式解决。

第3条　发生农村土地承包经营纠纷的，当事人可以自行和解，也可以请求村民委员会、乡（镇）人民政府等调解。

第4条　当事人和解、调解不成或者不愿和解、调解的，可以向农村土地承包仲裁委员会申请仲裁，也可以直接向人民法院起诉。

第5条　农村土地承包经营纠纷调解和仲裁，应当公开、公平、公正，便民高效，根据事实，符合法律，尊重社会公德。

第6条　县级以上人民政府应当加强对农村土地承包经营纠纷调解和仲裁工作的指导。

县级以上人民政府农村土地承包管理部门及其他有关部门应当依照职责分工，支持有关调解组织和农村土地承包仲裁委员会依法开展工作。

第二章　调　　解

第7条　村民委员会、乡（镇）人民政府应当加强农村土地承包经营纠纷的调解工作,帮助当事人达成协议解决纠纷。

第8条 当事人申请农村土地承包经营纠纷调解可以书面申请,也可以口头申请。口头申请的,由村民委员会或者乡(镇)人民政府当场记录申请人的基本情况、申请调解的纠纷事项、理由和时间。

第9条 调解农村土地承包经营纠纷,村民委员会或者乡(镇)人民政府应当充分听取当事人对事实和理由的陈述,讲解有关法律以及国家政策,耐心疏导,帮助当事人达成协议。

第10条 经调解达成协议的,村民委员会或者乡(镇)人民政府应当制作调解协议书。

调解协议书由双方当事人签名、盖章或者按指印,经调解人员签名并加盖调解组织印章后生效。

第11条 仲裁庭对农村土地承包经营纠纷应当进行调解。调解达成协议的,仲裁庭应当制作调解书;调解不成的,应当及时作出裁决。

调解书应当写明仲裁请求和当事人协议的结果。调解书由仲裁员签名,加盖农村土地承包仲裁委员会印章,送达双方当事人。

调解书经双方当事人签收后,即发生法律效力。在调解书签收前当事人反悔的,仲裁庭应当及时作出裁决。

第三章 仲 裁

第一节 仲裁委员会和仲裁员

第12条 农村土地承包仲裁委员会,根据解决农村土地承包经营纠纷的实际需要设立。农村土地承包仲裁委员会可以在县和不设区的市设立,也可以在设区的市或者其市辖区设立。

农村土地承包仲裁委员会在当地人民政府指导下设立。设立农村土地承包仲裁委员会的,其日常工作由当地农村土地承包管理部门承担。

第13条　农村土地承包仲裁委员会由当地人民政府及其有关部门代表、有关人民团体代表、农村集体经济组织代表、农民代表和法律、经济等相关专业人员兼任组成，其中农民代表和法律、经济等相关专业人员不得少于组成人员的二分之一。

农村土地承包仲裁委员会设主任一人、副主任一至二人和委员若干人。主任、副主任由全体组成人员选举产生。

第14条　农村土地承包仲裁委员会依法履行下列职责：

（一）聘任、解聘仲裁员；

（二）受理仲裁申请；

（三）监督仲裁活动。

农村土地承包仲裁委员会应当依照本法制定章程，对其组成人员的产生方式及任期、议事规则等作出规定。

第15条　农村土地承包仲裁委员会应当从公道正派的人员中聘任仲裁员。

仲裁员应当符合下列条件之一：

（一）从事农村土地承包管理工作满五年；

（二）从事法律工作或者人民调解工作满五年；

（三）在当地威信较高，并熟悉农村土地承包法律以及国家政策的居民。

第16条　农村土地承包仲裁委员会应当对仲裁员进行农村土地承包法律以及国家政策的培训。

省、自治区、直辖市人民政府农村土地承包管理部门应当制定仲裁员培训计划，加强对仲裁员培训工作的组织和指导。

第17条　农村土地承包仲裁委员会组成人员、仲裁员应当依法履行职责，遵守农村土地承包仲裁委员会章程和仲裁规则，不得索贿受贿、徇私舞弊，不得侵害当事人的合法权益。

仲裁员有索贿受贿、徇私舞弊、枉法裁决以及接受当事人请客送礼等违法违纪行为的，农村土地承包仲裁委员会应当将其除名;构成犯罪的,依法追究刑事责任。

县级以上地方人民政府及有关部门应当受理对农村土地承包仲裁委员会组成人员、仲裁员违法违纪行为的投诉和举报,并依法组织查处。

第二节 申请和受理

第18条 农村土地承包经营纠纷申请仲裁的时效期间为二年,自当事人知道或者应当知道其权利被侵害之日起计算。

第19条 农村土地承包经营纠纷仲裁的申请人、被申请人为当事人。家庭承包的,可以由农户代表人参加仲裁。当事人一方人数众多的,可以推选代表人参加仲裁。

与案件处理结果有利害关系的,可以申请作为第三人参加仲裁,或者由农村土地承包仲裁委员会通知其参加仲裁。

当事人、第三人可以委托代理人参加仲裁。

第20条 申请农村土地承包经营纠纷仲裁应当符合下列条件:

(一) 申请人与纠纷有直接的利害关系;

(二) 有明确的被申请人;

(三) 有具体的仲裁请求和事实、理由;

(四) 属于农村土地承包仲裁委员会的受理范围。

第21条 当事人申请仲裁,应当向纠纷涉及的土地所在地的农村土地承包仲裁委员会递交仲裁申请书。仲裁申请书可以邮寄或者委托他人代交。仲裁申请书应当载明申请人和被申请人的基本情况,仲裁请求和所根据的事实、理由,并提供相应的证据和证据来源。

书面申请确有困难的,可以口头申请,由农村土地承包仲裁委员会记入笔录,经申请人核实后由其签名、盖章或者按指印。

第22条 农村土地承包仲裁委员会应当对仲裁申请予以审查,认为符合本法第二十条规定的,应当受理。有下列情形之一的，不予受理；已受理的，终止仲裁程序：

（一）不符合申请条件；

（二）人民法院已受理该纠纷；

（三）法律规定该纠纷应当由其他机构处理；

（四）对该纠纷已有生效的判决、裁定、仲裁裁决、行政处理决定等。

第23条　农村土地承包仲裁委员会决定受理的，应当自收到仲裁申请之日起五个工作日内，将受理通知书、仲裁规则和仲裁员名册送达申请人；决定不予受理或者终止仲裁程序的，应当自收到仲裁申请或者发现终止仲裁程序情形之日起五个工作日内书面通知申请人，并说明理由。

第24条　农村土地承包仲裁委员会应当自受理仲裁申请之日起五个工作日内，将受理通知书、仲裁申请书副本、仲裁规则和仲裁员名册送达被申请人。

第25条　被申请人应当自收到仲裁申请书副本之日起十日内向农村土地承包仲裁委员会提交答辩书；书面答辩确有困难的，可以口头答辩，由农村土地承包仲裁委员会记入笔录，经被申请人核实后由其签名、盖章或者按指印。农村土地承包仲裁委员会应当自收到答辩书之日起五个工作日内将答辩书副本送达申请人。被申请人未答辩的，不影响仲裁程序的进行。

第26条　一方当事人因另一方当事人的行为或者其他原因，可能使裁决不能执行或者难以执行的，可以申请财产保全。

当事人申请财产保全的，农村土地承包仲裁委员会应当将当事人的申请提交被申请人住所地或者财产所在地的基层人民法院。

申请有错误的，申请人应当赔偿被申请人因财产保全所遭受的损失。

第三节　仲裁庭的组成

第27条　仲裁庭由三名仲裁员组成，首席仲裁员由当事人共同选定，其他二名仲裁员由当事人各自选定；当事人不能选定的，由农村土地承包仲裁委员会主任指定。

事实清楚、权利义务关系明确、争议不大的农村土地承包经营纠纷，经双方当事人同意，可以由一名仲裁员仲裁。仲裁员由当事人共同选定或者由农村土地承包仲裁委员会主任指定。

农村土地承包仲裁委员会应当自仲裁庭组成之日起二个工作日内将仲裁庭组成情况通知当事人。

第 28 条 仲裁员有下列情形之一的，必须回避，当事人也有权以口头或者书面方式申请其回避：

（一）是本案当事人或者当事人、代理人的近亲属；

（二）与本案有利害关系；

（三）与本案当事人、代理人有其他关系，可能影响公正仲裁；

（四）私自会见当事人、代理人，或者接受当事人、代理人的请客送礼。

当事人提出回避申请，应当说明理由，在首次开庭前提出。回避事由在首次开庭后知道的，可以在最后一次开庭终结前提出。

第 29 条 农村土地承包仲裁委员会对回避申请应当及时作出决定，以口头或者书面方式通知当事人，并说明理由。

仲裁员是否回避，由农村土地承包仲裁委员会主任决定；农村土地承包仲裁委员会主任担任仲裁员时，由农村土地承包仲裁委员会集体决定。

仲裁员因回避或者其他原因不能履行职责的，应当依照本法规定重新选定或者指定仲裁员。

第四节 开庭和裁决

第 30 条 农村土地承包经营纠纷仲裁应当开庭进行。

开庭可以在纠纷涉及的土地所在地的乡（镇）或者村进行，

也可以在农村土地承包仲裁委员会所在地进行。当事人双方要求在乡（镇）或者村开庭的，应当在该乡（镇）或者村开庭。

开庭应当公开，但涉及国家秘密、商业秘密和个人隐私以及当事人约定不公开的除外。

第31条 仲裁庭应当在开庭五个工作日前将开庭的时间、地点通知当事人和其他仲裁参与人。

当事人有正当理由的，可以向仲裁庭请求变更开庭的时间、地点。是否变更，由仲裁庭决定。

第32条 当事人申请仲裁后，可以自行和解。达成和解协议的，可以请求仲裁庭根据和解协议作出裁决书，也可以撤回仲裁申请。

第33条 申请人可以放弃或者变更仲裁请求。被申请人可以承认或者反驳仲裁请求，有权提出反请求。

第34条 仲裁庭作出裁决前，申请人撤回仲裁申请的，除被申请人提出反请求的外，仲裁庭应当终止仲裁。

第35条 申请人经书面通知，无正当理由不到庭或者未经仲裁庭许可中途退庭的，可以视为撤回仲裁申请。

被申请人经书面通知，无正当理由不到庭或者未经仲裁庭许可中途退庭的，可以缺席裁决。

第36条 当事人在开庭过程中有权发表意见、陈述事实和理由、提供证据、进行质证和辩论。对不通晓当地通用语言文字的当事人，农村土地承包仲裁委员会应当为其提供翻译。

第37条 当事人应当对自己的主张提供证据。与纠纷有关的证据由作为当事人一方的发包方等掌握管理的，该当事人应当在仲裁庭指定的期限内提供，逾期不提供的，应当承担不利后果。

第38条 仲裁庭认为有必要收集的证据，可以自行收集。

第39条 仲裁庭对专门性问题认为需要鉴定的，可以交由当事人约定的鉴定机构鉴定；当事人没有约定的，由仲裁庭指定的鉴定机构鉴定。

根据当事人的请求或者仲裁庭的要求,鉴定机构应当派鉴定人参加开庭。当事人经仲裁庭许可,可以向鉴定人提问。

第40条 证据应当在开庭时出示,但涉及国家秘密、商业秘密和个人隐私的证据不得在公开开庭时出示。

仲裁庭应当依照仲裁规则的规定开庭,给予双方当事人平等陈述、辩论的机会,并组织当事人进行质证。

经仲裁庭查证属实的证据,应当作为认定事实的根据。

第41条 在证据可能灭失或者以后难以取得的情况下,当事人可以申请证据保全。当事人申请证据保全的,农村土地承包仲裁委员会应当将当事人的申请提交证据所在地的基层人民法院。

第42条 对权利义务关系明确的纠纷,经当事人申请,仲裁庭可以先行裁定维持现状、恢复农业生产以及停止取土、占地等行为。

一方当事人不履行先行裁定的,另一方当事人可以向人民法院申请执行,但应当提供相应的担保。

第43条 仲裁庭应当将开庭情况记入笔录,由仲裁员、记录人员、当事人和其他仲裁参与人签名、盖章或者按指印。

当事人和其他仲裁参与人认为对自己陈述的记录有遗漏或者差错,有权申请补正。如果不予补正,应当记录该申请。

第44条 仲裁庭应当根据认定的事实和法律以及国家政策作出裁决并制作裁决书。

裁决应当按照多数仲裁员的意见作出,少数仲裁员的不同意见可以记入笔录。仲裁庭不能形成多数意见时,裁决应当按照首席仲裁员的意见作出。

第45条 裁决书应当写明仲裁请求、争议事实、裁决理由、裁决结果、裁决日期以及当事人不服仲裁裁决的起诉权利、期限，由仲裁员签名，加盖农村土地承包仲裁委员会印章。

农村土地承包仲裁委员会应当在裁决作出之日起三个工作日内将裁决书送达当事人，并告知当事人不服仲裁裁决的起诉权利、期限。

第46条 仲裁庭依法独立履行职责，不受行政机关、社会团体和个人的干涉。

第47条 仲裁农村土地承包经营纠纷，应当自受理仲裁申请之日起六十日内结束；案情复杂需要延长的，经农村土地承包仲裁委员会主任批准可以延长，并书面通知当事人，但延长期限不得超过三十日。

第48条 当事人不服仲裁裁决的，可以自收到裁决书之日起三十日内向人民法院起诉。逾期不起诉的，裁决书即发生法律效力。

第49条 当事人对发生法律效力的调解书、裁决书，应当依照规定的期限履行。一方当事人逾期不履行的，另一方当事人可以向被申请人住所地或者财产所在地的基层人民法院申请执行。受理申请的人民法院应当依法执行。

第四章 附 则

第50条 本法所称农村土地，是指农民集体所有和国家所有依法由农民集体使用的耕地、林地、草地，以及其他依法用于农业的土地。

第51条 农村土地承包经营纠纷仲裁规则和农村土地承包仲裁委员会示范章程，由国务院农业、林业行政主管部门依照本法规定共同制定。

第52条 农村土地承包经营纠纷仲裁不得向当事人收取费用，仲裁工作经费纳入财政预算予以保障。

第53条 本法自2010年1月1日起施行。

4.《森林法》(2019年12月28日)

第22条 单位之间发生的林木、林地所有权和使用权争议，由县级以上人民政府依法处理。

个人之间、个人与单位之间发生的林木所有权和林地使用权争议，由乡镇人民政府或者县级以上人民政府依法处理。

当事人对有关人民政府的处理决定不服的，可以自接到处理决定通知之日起三十日内，向人民法院起诉。

在林木、林地权属争议解决前，除因森林防火、林业有害生物防治、国家重大基础设施建设等需要外，当事人任何一方不得砍伐有争议的林木或者改变林地现状。

5.《农业法》（2012年12月28日）

第78条 违反法律规定，侵犯农民权益的，农民或者农业生产经营组织可以依法申请行政复议或者向人民法院提起诉讼，有关人民政府及其有关部门或者人民法院应当依法受理。

人民法院和司法行政主管机关应当依照有关规定为农民提供法律援助。

6.《草原法》（2021年4月29日）

第16条 草原所有权、使用权的争议，由当事人协商解决；协商不成的，由有关人民政府处理。

单位之间的争议，由县级以上人民政府处理；个人之间、个人与单位之间的争议，由乡（镇）人民政府或者县级以上人民政府处理。

当事人对有关人民政府的处理决定不服的，可以依法向人民法院起诉。

在草原权属争议解决前，任何一方不得改变草原利用现状，不得破坏草原和草原上的设施。

7.《仲裁法》（2017年9月1日）

第77条 劳动争议和农业集体经济组织内部的农业承包合同纠纷的仲裁，另行规定。

● 部门规章及文件

8.《农村土地承包经营纠纷仲裁规则》(2009年12月29日 农业部 国家林业局令2010年第1号)

第一章 总　　则

第1条　为规范农村土地承包经营纠纷仲裁活动，根据《农村土地承包经营纠纷调解仲裁法》，制定本规则。

第2条　农村土地承包经营纠纷仲裁适用本规则。

第3条　下列农村土地承包经营纠纷，当事人可以向农村土地承包仲裁委员会（以下简称仲裁委员会）申请仲裁：

（一）因订立、履行、变更、解除和终止农村土地承包合同发生的纠纷；

（二）因农村土地承包经营权转包、出租、互换、转让、入股等流转发生的纠纷；

（三）因收回、调整承包地发生的纠纷；

（四）因确认农村土地承包经营权发生的纠纷；

（五）因侵害农村土地承包经营权发生的纠纷；

（六）法律、法规规定的其他农村土地承包经营纠纷。

因征收集体所有的土地及其补偿发生的纠纷，不属于仲裁委员会的受理范围，可以通过行政复议或者诉讼等方式解决。

第4条　仲裁委员会依法设立，其日常工作由当地农村土地承包管理部门承担。

第5条　农村土地承包经营纠纷仲裁，应当公开、公平、公正，便民高效，注重调解，尊重事实，符合法律，遵守社会公德。

第二章 申请和受理

第6条　农村土地承包经营纠纷仲裁的申请人、被申请人为仲裁当事人。

第7条　家庭承包的，可以由农户代表人参加仲裁。农户代表人由农户成员共同推选；不能共同推选的，按下列方式确定：

（一）土地承包经营权证或者林权证等证书上记载的人；

（二）未取得土地承包经营权证或者林权证等证书的，为在承包合同上签字的人。

第8条　当事人一方为五户（人）以上的，可以推选三至五名代表人参加仲裁。

第9条　与案件处理结果有利害关系的，可以申请作为第三人参加仲裁，或者由仲裁委员会通知其参加仲裁。

第10条　当事人、第三人可以委托代理人参加仲裁。

当事人或者第三人为无民事行为能力人或者限制民事行为能力人的，由其法定代理人参加仲裁。

第11条　当事人申请农村土地承包经营纠纷仲裁的时效期间为二年，自当事人知道或者应当知道其权利被侵害之日起计算。

仲裁时效因申请调解、申请仲裁、当事人一方提出要求或者同意履行义务而中断。从中断时起，仲裁时效重新计算。

在仲裁时效期间的最后六个月内，因不可抗力或者其他事由，当事人不能申请仲裁的，仲裁时效中止。从中止时效的原因消除之日起，仲裁时效期间继续计算。

侵害农村土地承包经营权行为持续发生的，仲裁时效从侵权行为终了时计算。

第12条　申请农村土地承包经营纠纷仲裁，应当符合下列条件：

（一）申请人与纠纷有直接的利害关系；

（二）有明确的被申请人；

（三）有具体的仲裁请求和事实、理由；

（四）属于仲裁委员会的受理范围。

第13条　当事人申请仲裁，应当向纠纷涉及土地所在地的仲裁委员会递交仲裁申请书。申请书可以邮寄或者委托他人代交。

书面申请有困难的,可以口头申请,由仲裁委员会记入笔录,经申请人核实后由其签名、盖章或者按指印。

仲裁委员会收到仲裁申请材料,应当出具回执。回执应当载明接收材料的名称和份数、接收日期等,并加盖仲裁委员会印章。

第14条 仲裁申请书应当载明下列内容:

(一)申请人和被申请人的姓名、年龄、住所、邮政编码、电话或者其他通讯方式;法人或者其他组织应当写明名称、地址和法定代表人或者主要负责人的姓名、职务、通讯方式;

(二)申请人的仲裁请求;

(三)仲裁请求所依据的事实和理由;

(四)证据和证据来源、证人姓名和联系方式。

第15条 仲裁委员会应当对仲裁申请进行审查,符合申请条件的,应当受理。

有下列情形之一的,不予受理;已受理的,终止仲裁程序:

(一)不符合申请条件;

(二)人民法院已受理该纠纷;

(三)法律规定该纠纷应当由其他机构受理;

(四)对该纠纷已有生效的判决、裁定、仲裁裁决、行政处理决定等。

第16条 仲裁委员会决定受理仲裁申请的,应当自收到仲裁申请之日起五个工作日内,将受理通知书、仲裁规则、仲裁员名册送达申请人,将受理通知书、仲裁申请书副本、仲裁规则、仲裁员名册送达被申请人。

决定不予受理或者终止仲裁程序的,应当自收到仲裁申请或者发现终止仲裁程序情形之日起五个工作日内书面通知申请人,并说明理由。

需要通知第三人参加仲裁的,仲裁委员会应当通知第三人,并告知其权利义务。

第17条　被申请人应当自收到仲裁申请书副本之日起十日内向仲裁委员会提交答辩书。

仲裁委员会应当自收到答辩书之日起五个工作日内将答辩书副本送达申请人。

被申请人未答辩的，不影响仲裁程序的进行。

第18条　答辩书应当载明下列内容：

（一）答辩人姓名、年龄、住所、邮政编码、电话或者其他通讯方式；法人或者其他组织应当写明名称、地址和法定代表人或者主要负责人的姓名、职务、通讯方式；

（二）对申请人仲裁申请的答辩及所依据的事实和理由；

（三）证据和证据来源，证人姓名和联系方式。

书面答辩确有困难的，可以口头答辩，由仲裁委员会记入笔录，经被申请人核实后由其签名、盖章或者按指印。

第19条　当事人提交仲裁申请书、答辩书、有关证据材料及其他书面文件，应当一式三份。

第20条　因一方当事人的行为或者其他原因可能使裁决不能执行或者难以执行，另一方当事人申请财产保全的，仲裁委员会应当将当事人的申请提交被申请人住所地或者财产所在地的基层人民法院，并告知申请人因申请错误造成被申请人财产损失的，应当承担相应的赔偿责任。

第三章　仲裁庭

第21条　仲裁庭由三名仲裁员组成。

事实清楚、权利义务关系明确、争议不大的农村土地承包经营纠纷，经双方当事人同意，可以由一名仲裁员仲裁。

第22条　双方当事人自收到受理通知书之日起五个工作日内，从仲裁员名册中选定仲裁员。首席仲裁员由双方当事人共同选定，其他二名仲裁员由双方当事人各自选定；当事人不能选定的，由仲裁委员会主任指定。

独任仲裁员由双方当事人共同选定；当事人不能选定的，由仲裁委员会主任指定。

仲裁委员会应当自仲裁庭组成之日起二个工作日内将仲裁庭组成情况通知当事人。

第23条　仲裁庭组成后，首席仲裁员应当召集其他仲裁员审阅案件材料，了解纠纷的事实和情节，研究双方当事人的请求和理由，查核证据，整理争议焦点。

仲裁庭认为确有必要的，可以要求当事人在一定期限内补充证据，也可以自行调查取证。自行调查取证的，调查人员不得少于二人。

第24条　仲裁员有下列情形之一的，应当回避：

（一）是本案当事人或者当事人、代理人的近亲属；

（二）与本案有利害关系；

（三）与本案当事人、代理人有其他关系，可能影响公正仲裁；

（四）私自会见当事人、代理人，或者接受当事人、代理人请客送礼。

第25条　仲裁员有回避情形的，应当以口头或者书面方式及时向仲裁委员会提出。

当事人认为仲裁员有回避情形的，有权以口头或者书面方式向仲裁委员会申请其回避。

当事人提出回避申请，应当在首次开庭前提出，并说明理由；在首次开庭后知道回避事由的，可以在最后一次开庭终结前提出。

第26条　仲裁委员会应当自收到回避申请或者发现仲裁员有回避情形之日起二个工作日内作出决定，以口头或者书面方式通知当事人，并说明理由。

仲裁员是否回避，由仲裁委员会主任决定；仲裁委员会主任担任仲裁员时，由仲裁委员会集体决定主任的回避。

第27条 仲裁员有下列情形之一的，应当按照本规则第二十二条规定重新选定或者指定仲裁员：

（一）被决定回避的；

（二）在法律上或者事实上不能履行职责的；

（三）因被除名或者解聘丧失仲裁员资格的；

（四）因个人原因退出或者不能从事仲裁工作的；

（五）因徇私舞弊、失职渎职被仲裁委员会决定更换的。

重新选定或者指定仲裁员后，仲裁程序继续进行。当事人请求仲裁程序重新进行的，由仲裁庭决定。

第28条 仲裁庭应当向当事人提供必要的法律政策解释，帮助当事人自行和解。

达成和解协议的，当事人可以请求仲裁庭根据和解协议制作裁决书；当事人要求撤回仲裁申请的，仲裁庭应当终止仲裁程序。

第29条 仲裁庭应当在双方当事人自愿的基础上进行调解。调解达成协议的，仲裁庭应当制作调解书。

调解书应当载明双方当事人基本情况、纠纷事由、仲裁请求和协议结果，由仲裁员签名，并加盖仲裁委员会印章，送达双方当事人。

调解书经双方当事人签收即发生法律效力。

第30条 调解不成或者当事人在调解书签收前反悔的，仲裁庭应当及时作出裁决。

当事人在调解过程中的陈述、意见、观点或者建议，仲裁庭不得作为裁决的证据或依据。

第31条 仲裁庭作出裁决前，申请人放弃仲裁请求并撤回仲裁申请，且被申请人没有就申请人的仲裁请求提出反请求的，仲裁庭应当终止仲裁程序。

申请人经书面通知，无正当理由不到庭或者未经仲裁庭许可中途退庭的，可以视为撤回仲裁申请。

第32条 被申请人就申请人的仲裁请求提出反请求的，应当说明反请求事项及其所依据的事实和理由，并附具有关证明材料。

被申请人在仲裁庭组成前提出反请求的，由仲裁委员会决定是否受理；在仲裁庭组成后提出反请求的，由仲裁庭决定是否受理。

仲裁委员会或者仲裁庭决定受理反请求的，应当自收到反请求之日起五个工作日内将反请求申请书副本送达申请人。申请人应当在收到反请求申请书副本后十个工作日内提交反请求答辩书，不答辩的不影响仲裁程序的进行。仲裁庭应当将被申请人的反请求与申请人的请求合并审理。

仲裁委员会或者仲裁庭决定不予受理反请求的，应当书面通知被申请人，并说明理由。

第33条 仲裁庭组成前申请人变更仲裁请求或者被申请人变更反请求的，由仲裁委员会作出是否准许的决定；仲裁庭组成后变更请求或者反请求的，由仲裁庭作出是否准许的决定。

第四章 开　　庭

第34条 农村土地承包经营纠纷仲裁应当开庭进行。开庭应当公开，但涉及国家秘密、商业秘密和个人隐私以及当事人约定不公开的除外。

开庭可以在纠纷涉及的土地所在地的乡（镇）或者村进行，也可以在仲裁委员会所在地进行。当事人双方要求在乡（镇）或者村开庭的，应当在该乡（镇）或者村开庭。

第35条 仲裁庭应当在开庭五个工作日前将开庭时间、地点通知当事人、第三人和其他仲裁参与人。

当事人请求变更开庭时间和地点的,应当在开庭三个工作日前向仲裁庭提出,并说明理由。仲裁庭决定变更的,通知双方当事人、第三人和其他仲裁参与人;决定不变更的,通知提出变更请求的当事人。

第36条　公开开庭的,应当将开庭时间、地点等信息予以公告。

申请旁听的公民,经仲裁庭审查后可以旁听。

第37条　被申请人经书面通知,无正当理由不到庭或者未经仲裁庭许可中途退庭的,仲裁庭可以缺席裁决。

被申请人提出反请求,申请人经书面通知,无正当理由不到庭或者未经仲裁庭许可中途退庭的,仲裁庭可以就反请求缺席裁决。

第38条　开庭前,仲裁庭应当查明当事人、第三人、代理人和其他仲裁参与人是否到庭,并逐一核对身份。

开庭由首席仲裁员或者独任仲裁员宣布。首席仲裁员或者独任仲裁员应当宣布案由,宣读仲裁庭组成人员名单、仲裁庭纪律、当事人权利和义务,询问当事人是否申请仲裁员回避。

第39条　仲裁庭应当保障双方当事人平等陈述的机会,组织当事人、第三人、代理人陈述事实、意见、理由。

第40条　当事人、第三人应当提供证据,对其主张加以证明。

与纠纷有关的证据由作为当事人一方的发包方等掌握管理的,该当事人应当在仲裁庭指定的期限内提供,逾期不提供的,应当承担不利后果。

第41条　仲裁庭自行调查收集的证据,应当在开庭时向双方当事人出示。

第42条　仲裁庭对专门性问题认为需要鉴定的,可以交由当事人约定的鉴定机构鉴定;当事人没有约定的,由仲裁庭指定的鉴定机构鉴定。

第43条　当事人申请证据保全,应当向仲裁委员会书面提出。仲裁委员会应当自收到申请之日起二个工作日内,将申请提交证据所在地的基层人民法院。

第44条　当事人、第三人申请证人出庭作证的,仲裁庭应当准许,并告知证人的权利义务。

证人不得旁听案件审理。

第45条　证据应当在开庭时出示,但涉及国家秘密、商业秘密和个人隐私的证据不得在公开开庭时出示。

仲裁庭应当组织当事人、第三人交换证据,相互质证。

经仲裁庭许可,当事人、第三人可以向证人询问,证人应当据实回答。

根据当事人的请求或者仲裁庭的要求,鉴定机构应当派鉴定人参加开庭。经仲裁庭许可,当事人可以向鉴定人提问。

第46条　仲裁庭应当保障双方当事人平等行使辩论权,并对争议焦点组织辩论。

辩论终结时,首席仲裁员或者独任仲裁员应当征询双方当事人、第三人的最后意见。

第47条　对权利义务关系明确的纠纷,当事人可以向仲裁庭书面提出先行裁定申请,请求维持现状、恢复农业生产以及停止取土、占地等破坏性行为。仲裁庭应当自收到先行裁定申请之日起二个工作日内作出决定。

仲裁庭作出先行裁定的,应当制作先行裁定书,并告知先行裁定申请人可以向人民法院申请执行,但应当提供相应的担保。

先行裁定书应当载明先行裁定申请的内容、依据事实和理由、裁定结果和日期,由仲裁员签名,加盖仲裁委员会印章。

第48条　仲裁庭应当将开庭情况记入笔录。笔录由仲裁员、记录人员、当事人、第三人和其他仲裁参与人签名、盖章或者按指印。

当事人、第三人和其他仲裁参与人认为对自己的陈述记录有遗漏或者差错的,有权申请补正。仲裁庭不予补正的,应当向申请人说明情况,并记录该申请。

第49条　发生下列情形之一的,仲裁程序中止:

(一)一方当事人死亡,需要等待继承人表明是否参加仲裁的;

(二)一方当事人丧失行为能力,尚未确定法定代理人的;

(三)作为一方当事人的法人或者其他组织终止,尚未确定权利义务承受人的;

(四)一方当事人因不可抗拒的事由,不能参加仲裁的;

(五)本案必须以另一案的审理结果为依据,而另一案尚未审结的;

(六)其他应当中止仲裁程序的情形。

在仲裁庭组成前发生仲裁中止事由的,由仲裁委员会决定是否中止仲裁;仲裁庭组成后发生仲裁中止事由的,由仲裁庭决定是否中止仲裁。决定仲裁程序中止的,应当书面通知当事人。

仲裁程序中止的原因消除后,仲裁委员会或者仲裁庭应当在三个工作日内作出恢复仲裁程序的决定,并通知当事人和第三人。

第50条　发生下列情形之一的,仲裁程序终结:

(一)申请人死亡或者终止,没有继承人及权利义务承受人,或者继承人、权利义务承受人放弃权利的;

(二)被申请人死亡或者终止,没有可供执行的财产,也没有应当承担义务的人的;

(三)其他应当终结仲裁程序的。

终结仲裁程序的,仲裁委员会应当自发现终结仲裁程序情形之日起五个工作日内书面通知当事人、第三人,并说明理由。

第五章　裁决和送达

第55条　仲裁庭应当根据认定的事实和法律以及国家政策

作出裁决，并制作裁决书。

首席仲裁员组织仲裁庭对案件进行评议，裁决依多数仲裁员意见作出。少数仲裁员的不同意见可以记入笔录。

仲裁庭不能形成多数意见时，应当按照首席仲裁员的意见作出裁决。

第 52 条 裁决书应当写明仲裁请求、争议事实、裁决理由和依据、裁决结果、裁决日期，以及当事人不服仲裁裁决的起诉权利和期限。

裁决书由仲裁员签名，加盖仲裁委员会印章。

第 53 条 对裁决书中的文字、计算错误，或者裁决书中有遗漏的事项，仲裁庭应当及时补正。补正构成裁决书的一部分。

第 54 条 仲裁庭应当自受理仲裁申请之日起六十日内作出仲裁裁决。受理日期以受理通知书上记载的日期为准。

案情复杂需要延长的，经仲裁委员会主任批准可以延长，但延长期限不得超过三十日。

延长期限的，应当自作出延期决定之日起三个工作日内书面通知当事人、第三人。

期限不包括仲裁程序中止、鉴定、当事人在庭外自行和解、补充申请材料和补正裁决的时间。

第 55 条 仲裁委员会应当在裁决作出之日起三个工作日内将裁决书送达当事人、第三人。

直接送达的，应当告知当事人、第三人下列事项：

（一）不服仲裁裁决的，可以在收到裁决书之日起三十日内向人民法院起诉，逾期不起诉的，裁决书即发生法律效力；

（二）一方当事人不履行生效的裁决书所确定义务的，另一方当事人可以向被申请人住所地或者财产所在地的基层人民法院申请执行。

第 56 条 仲裁文书应当直接送达当事人或者其代理人。受送达人是自然人，但本人不在场的，由其同住成年家属签收；受送达人是法人或者其他组织的，应当由法人的法定代表人、其他组织的主要负责人或者该法人、组织负责收件的人签收。

仲裁文书送达后，由受送达人在送达回证上签名、盖章或者按指印，受送达人在送达回证上的签收日期为送达日期。

受送达人或者其同住成年家属拒绝接收仲裁文书的，可以留置送达。送达人应当邀请有关基层组织或者受送达人所在单位的代表到场，说明情况，在送达回证上记明拒收理由和日期，由送达人、见证人签名、盖章或者按指印，将仲裁文书留在受送达人的住所，即视为已经送达。

直接送达有困难的，可以邮寄送达。邮寄送达的，以当事人签收日期为送达日期。

当事人下落不明，或者以前款规定的送达方式无法送达的，可以公告送达，自发出公告之日起，经过六十日，即视为已经送达。

第六章 附 则

第57条 独任仲裁可以适用简易程序。简易程序的仲裁规则由仲裁委员会依照本规则制定。

第58条 期间包括法定期间和仲裁庭指定的期间。

期间以日、月、年计算，期间开始日不计算在期间内。

期间最后一日是法定节假日的，以法定节假日后的第一个工作日为期间的最后一日。

第59条 对不通晓当地通用语言文字的当事人、第三人，仲裁委员会应当为其提供翻译。

第60条 仲裁文书格式由农业部、国家林业局共同制定。

第61条 农村土地承包经营纠纷仲裁不得向当事人收取费用，仲裁工作经费依法纳入财政预算予以保障。

当事人委托代理人、申请鉴定等发生的费用由当事人负担。

第62条 本规则自2010年1月1日起施行。

9.《农村土地承包经营纠纷调解仲裁工作规范》(2013年1月15日 农办经〔2013〕2号)

第一章 总 则

第1条 为加强农村土地承包经营纠纷调解仲裁工作，实现调解仲裁工作的制度化、规范化，根据《中华人民共和国农村土地承包经营纠纷调解仲裁法》、《农村土地承包经营纠纷仲裁规则》、《农村土地承包仲裁委员会示范章程》等有关规定，制定本工作规范。

第2条 以科学发展观为指导，按照完善制度、统一规范、提升能力、强化保障的原则开展农村土地承包经营纠纷调解仲裁工作。

第3条 农村土地承包仲裁委员会（以下简称仲裁委员会）开展农村土地承包经营纠纷调解仲裁工作，应当执行本规范。

第4条 仲裁委员会在当地人民政府指导下依法设立，接受县级以上人民政府及土地承包管理部门的指导和监督。仲裁委员会设立后报省（自治区、直辖市）人民政府农业、林业行政主管部门备案。

第5条 涉农县（市、区）应普遍设立仲裁委员会，负责辖区内农村土地承包经营纠纷调解仲裁工作。涉农市辖区不设立仲裁委员会的，其所在市应当设立仲裁委员会，负责辖区内农村土地承包经营纠纷调解仲裁工作。

第6条 仲裁委员会根据农村土地承包经营纠纷调解仲裁工作及仲裁员培训实际需要，编制年度财务预算，报财政部门纳入财政预算予以保障。仲裁工作经费专款专用。

仲裁委员会可接受各级政府、司法部门、人民团体等人财物的支持和帮助。

第二章 仲裁委员会设立

第7条 市、县级农村土地承包管理部门负责制定仲裁委员会设立方案，协调相关部门，依法确定仲裁委员会人员构成，报请当地人民政府批准。

第8条　市、县级农村土地承包管理部门负责草拟仲裁委员会章程，拟定聘任仲裁员名册，拟定仲裁委员会工作计划及经费预算，筹备召开仲裁委员会成立大会。

第9条　市、县级农村土地承包管理部门提议，当地人民政府牵头，组织召开仲裁委员会成立大会。仲裁委员会成立大会由全体成员参加，审议通过仲裁委员会章程、议事规则和规章制度；选举仲裁委员会主任、副主任；审议通过仲裁员名册；审议通过仲裁委员会年度工作计划；任命仲裁委员会办公室主任。

仲裁委员会每年至少召开一次全体会议。符合规定情形时，仲裁委员会主任或其委托的副主任主持召开临时会议。

第10条　仲裁委员会组成人员应不少于9人，设主任1人，副主任1至2人。

第11条　仲裁委员会的名称，由其所在"市、县（市、区）地名+农村土地承包仲裁委员会"构成。

仲裁委员会应设在当地人民政府所在地。

第12条　仲裁委员会应根据解决农村土地承包经营纠纷的需要和辖区乡镇数聘任仲裁员，仲裁员人数一般不少于20人。

仲裁委员会对聘任的仲裁员颁发聘书。

第13条　乡镇人民政府应设立农村土地承包经营纠纷调解委员会，调解工作人员一般不少于3人。村（居）民委员会应明确专人负责农村土地承包经营纠纷调解工作。

第三章　仲裁委员会办公室设立

第14条　仲裁委员会日常工作由仲裁委员会办公室（以下简称仲裁办）承担。仲裁办设在当地农村土地承包管理部门。仲裁委员会可以办理法人登记，取得法人资格。

仲裁办应设立固定办公地点、仲裁场所。仲裁办负责仲裁咨询、宣传有关法律政策，接收申请人提出的仲裁申请，协助仲裁员开庭审理、调查取证工作，负责仲裁文书送达和仲裁档案管理工作，管理仲裁工作经费等。仲裁办应当设立固定专门电话号码，并在仲裁办公告栏中予以公告。

第15条 仲裁办工作人员应定岗定责，不少于5人。根据仲裁委员会组成人员数、聘任仲裁员数、辖区范围和纠纷受理数量，可适当增加工作人员。其中，案件接收人员2-3名，书记员1名，档案管理员1名，文书送达人员1名。

第16条 经仲裁委员会全体会议批准后，仲裁办制作仲裁员名册，并在案件受理场所进行公示。根据仲裁委员会全体会议批准的仲裁员变动情况，仲裁办及时调整仲裁员名册和公示名单。

第17条 仲裁委员会编制仲裁员年度培训计划、组织开展培训工作。仲裁办按照培训计划，组织仲裁员参加仲裁培训，督促仲裁员在规定时间内取得仲裁员培训合格证书。对未取得培训合格证书的仲裁员，仲裁委员会不指定其单独审理和裁决案件，不指定其担任首席仲裁员。

第18条 仲裁办受仲裁委员会委托对仲裁员进行年度工作考核。考核范围包括仲裁员执行仲裁程序情况、办案质量等。对考核不合格的仲裁员，仲裁委员会提出限期整改意见，仲裁办跟踪整改情况。对连续二次考核不合格的仲裁员，仲裁办提出解聘建议。

对严重违法违纪的仲裁员，仲裁办应及时提出解聘或除名建议。仲裁办将解聘或除名仲裁员名单，报仲裁委员会主任审查，经仲裁委员会全体会议讨论通过，予以解聘或除名。

第四章 调解仲裁工作流程

第一节 申请与受理

第19条 仲裁办工作人员和仲裁员应当规范运用仲裁文书。

对仲裁文书实行严格登记管理。

第20条　仲裁办工作人员在接收仲裁申请时，根据申请的内容，向申请人宣传、讲解相关的法律政策；查验"仲裁申请书"、身份证明和证据等，对其进行登记和制作证据清单、证人情况表并向申请人出具回执。对书面申请确有困难的，由申请人口述，工作人员帮助填写"口头仲裁申请书"。"口头仲裁申请书"经申请人核实后签字、盖章或者按指印，工作人员登记并出具回执。

仲裁办接收邮寄、他人代交的"仲裁申请书"，工作人员应及时对仲裁申请书及相关资料、代交人身份信息等进行登记，并向代交人出具回执。

第21条　仲裁办指定专人对仲裁申请材料进行初审。对仲裁申请材料不齐全的，在2个工作日内通知当事人补充齐全。

经过审核，符合受理条件的，材料审核人员在2个工作日内制作仲裁立案审批表，报仲裁委员会主任（或授权委托人）审批。批准立案的，仲裁办指定专人在5个工作日内将受理通知书、仲裁规则、仲裁员名册、选定仲裁员通知书送达申请人，将受理通知书、仲裁申请书副本、仲裁规则、仲裁员名册、选定仲裁员通知书送达被申请人。需要通知第三人参加仲裁的，在5个工作日内通知第三人并送达相关材料，告知其权利义务。

对不符合受理条件或未批准立案的，仲裁办指定专人在5个工作日内书面通知申请人，并说明理由。

第22条　仲裁办指定专人通知被申请人自收到仲裁申请书副本之日起10日内向仲裁办提交答辩书。仲裁办自收到答辩书之日起5个工作日内将答辩书副本送达申请人。

被申请人不答辩的，仲裁程序正常进行。被申请人书面答辩有困难的，由被申请人口述，仲裁办工作人员帮助填写"仲裁答辩书"，经被申请人核实后签名、盖章或者按指印。被申请人提交证据材料的，工作人员填写"证据材料清单"；被申请人提供证人的，工作人员填写"证人情况"表。

仲裁办接收当事人提交的仲裁申请书、答辩书、有关证据材料及其他书面文件，一式三份。

第23条　当事人委托代理人参加仲裁活动的，仲裁办审核当事人提交的"授权委托书"，查验委托事项和权限。受委托人为律师的，查验律师事务所出具的指派证明；受委托人为法律工作者的，查验法律工作证。

当事人更换代理人，变更或解除代理权时，应提出申请。

第24条　仲裁办自仲裁庭组成之日起2个工作日内将仲裁庭组成情况通知当选仲裁员和当事人、第三人。

第二节　庭前准备

第25条　事实清楚、权利义务关系明确、争议不大的农村土地承包经营纠纷，经双方当事人同意，可以由一名仲裁员仲裁。仲裁员由当事人共同选定或由仲裁委员会主任（委托授权人）指定。

第26条　仲裁办应及时将当事人提交的仲裁申请书、答辩书、证据和"证据材料清单"、"证人情况表"等材料提交给仲裁庭。

第27条　首席仲裁员应召集组庭仲裁员认真审阅案件材料，了解案情，掌握争议焦点，研究当事人的请求和理由，查核证据，整理需要庭审调查的主要问题。

第28条　独任仲裁员召集当事人进行调解。达成协议的，由当事人签字、盖章或按指印，制成调解书，加盖仲裁委员会印章。调解不成的，开庭审理并做出裁决。审理过程中发现案情复杂的，独任仲裁员应当立即休庭，向仲裁委员会报告。经仲裁委员会主任（委托授权人）批准，由仲裁办组织当事人按照法律规定重新选定三名仲裁员组成仲裁庭，重新审理。

第29条　有下列情形的，仲裁庭向仲裁办提出实地调查取证的申请，经主任批准后，组织开展调查取证：
（一）当事人及其代理人因客观原因不能自行收集的；
（二）仲裁庭认为需要由有关部门进行司法鉴定的；
（三）双方当事人提供的证据互相矛盾、难以认定的；
（四）仲裁庭认为有必要采集的。

第30条　仲裁办应协助仲裁员实地调查取证。实地调查的笔录，要由调查人、被调查人、记录人、在场人签名、盖章或者按指印。被调查人等拒绝在调查笔录上签名、盖章或者按指印的，调查人应在调查笔录上备注说明。

仲裁员询问证人时，应填写"证人情况表"，询问证人与本案当事人的关系，告知证人作证的权利和义务。询问证人时应制作笔录，由证人在笔录上逐页签名、盖章或者按指印。如果证人无自阅能力，询问人当面读笔录，询问证人是否听懂、是否属实，并将证人对笔录属实与否的意见记入笔录，由证人逐页签名、盖章或者按指印。

第31条　仲裁庭决定开庭时间和地点，并告知仲裁办。仲裁办在开庭前五个工作日内，向双方当事人、第三人及其代理人送达《开庭通知书》。

当事人请求变更开庭时间和地点的，必须在开庭前3个工作日内向仲裁办提出，并说明理由。仲裁办将变更请求交仲裁庭。仲裁庭决定变更的，仲裁办将"变更开庭时间（地点）通知书"，送达双方当事人、第三人和其他参与人；决定不变更的，仲裁办将"不同意变更开庭时间（地点）通知书"送达提出变更请求的当事人。

第32条　仲裁办工作人员应及时将开庭时间、地点、案由、仲裁庭组成人员在仲裁委员会公告栏进行公告。

仲裁办指定专人接受公民的旁听申请，登记旁听人员的身份信息、与案件当事人的关系,核发旁听证。

第33条 开庭前,仲裁庭询问当事人是否愿意调解,提出调解方案,并主持调解。达成调解协议的,仲裁庭制作调解书,由当事人签名或盖章。首席仲裁员将案件材料整理移交仲裁办归档,仲裁庭解散。调解不成的,开庭审理。

第34条 对当事人提出财产、证据保全申请的,仲裁庭进行审查,制作"财产保全移送函"、"证据保全移送函",与当事人提出的保全申请一并提交保全物所在地的基层人民法院。

第35条 对当事人反映仲裁员违反回避制度的,仲裁办主任进行核实。属实的,报仲裁委员会主任或仲裁委员会按程序规定办理。不属实的,向当事人说明情况。

第三节 开庭审理

第36条 农村土地承包经营纠纷仲裁应当公开开庭审理。仲裁员庭审应统一服装,庭审用语应当准确、规范、文明。

第37条 仲裁办应当为仲裁庭开庭提供场所和庭审设施设备,安排工作人员协助仲裁员开庭审理。书记员配合仲裁员完成证据展示、笔录等庭审工作。工作人员负责操作开庭审理的录音、录像设备;有证人、鉴定人、勘验人到庭的,安排其在仲裁庭外指定场所休息候传,由专人引领其出庭。

第38条 仲裁办核查当事人身份,安排当事人入场;核查旁听证,安排旁听人员入场。

仲裁员在合议调解庭休息等候。

第39条 仲裁庭庭审程序如下:

(一)书记员宣读庭审纪律,核实申请人、被申请人、第三人以及委托代理人的身份及到庭情况,并报告首席仲裁员。

(二)首席仲裁员宣布开庭,向当事人、第三人及委托代理人宣告首席仲裁员、仲裁员身份,当事人和第三人的权利义务;询问当事人是否听明白,是否申请仲裁员回避。

（三）首席仲裁员请申请人或其委托代理人陈述仲裁请求、依据的事实和理由；请被申请人或其委托代理人进行答辩。首席仲裁员总结概括争论焦点。

（四）仲裁员向当事人及第三人简要介绍有关证据规定及应承担的法律责任。组织双方当事人对自己的主张进行举证、质证。对当事人提供证人、鉴定人的，传证人、鉴定人到庭作证。对当事人提供证据的真实性无法确认的，仲裁庭在休庭期间交鉴定机构进行鉴定，在继续开庭后由首席仲裁员当庭宣读鉴定书。仲裁庭自行取证的，交双方当事人质证。

（五）在开庭审理期间，仲裁庭发现需要追加第三人的，应宣布休庭。仲裁办通知第三人参加庭审。

（六）根据案件审理情况，当事人需要补充证据的或仲裁庭需要实地调查取证的，首席仲裁员宣布休庭。仲裁员征求双方当事人意见，确定补充证据提交期间。休庭期间，仲裁员和仲裁工作人员进行调查取证。

（七）辩论结束后，首席仲裁员根据陈述、举证、质证、辩论情况，进行小结；组织双方当事人、第三人做最后陈述。

（八）首席仲裁员询问当事人是否愿意进行调解。同意调解的，仲裁员根据双方的一致意见制作调解书，并由当事人签名或盖章、签收。不同意调解的，由仲裁庭合议后作出裁决，宣布闭庭。

（九）退庭前，书记员请双方当事人、第三人核实庭审笔录，并签字盖章或者按指印。对于庭审笔录有争议的，调取录像视频材料比对确认。

第40条　仲裁庭在做出裁决前，对当事人提出的先行裁定申请进行审查，权利义务关系比较明确的，仲裁庭可以做出维持现状、恢复农业生产以及停止取土、占地等行为的先行裁定书，并告知当事人向法院提出执行申请。

第四节 合议与裁决

第41条 仲裁庭在庭审调查结束后,首席仲裁员宣布休庭,组织仲裁员在合议场所进行合议。仲裁员分别对案件提出评议意见,裁决按照多数仲裁员的意见作出,少数仲裁员的不同意见记入合议笔录。合议不能形成多数意见的,按首席仲裁员意见作出裁决。书记员对合议过程全程记录,由仲裁员分别在记录上签名。

仲裁庭合议过程保密,参与合议的仲裁员、书记员不得向外界透露合议情况。合议记录未经仲裁委员会主任批准任何人不得查阅。

第42条 仲裁庭合议后作出裁决。首席仲裁员可以当庭向双方当事人及第三人宣布裁决结果,也可以闭庭后送达裁决书,宣布裁决结果。

对于案情重大复杂、当事人双方利益冲突较大、涉案人员众多等不宜当庭宣布裁决结果的,应以送达裁决书方式告知当事人及第三人裁决结果。

第43条 裁决书由首席仲裁员制作,三名仲裁员在裁决书上签字,报仲裁委员会主任(委托授权人)审核,加盖仲裁委员会印章。仲裁员签字的裁决书归档。书记员按照当事人人数打印裁决书,核对无误后,加盖仲裁委员会印章,由仲裁办指定人员送达当事人及第三人。

第44条 裁决书应当事实清楚,论据充分,适用法律准确、全面,格式规范。

仲裁庭对裁决书存在文字、计算等错误,或者遗漏事项需要补正的,应及时予以补正,补正裁决书应及时送达双方当事人及第三人。

第45条 对案情重大、复杂的案件,仲裁庭调解不成的,应报告仲裁委员会主任决定开庭审理。必要时,仲裁委员会主任可召开临时仲裁委员会全体会议研究审议。决定开庭审理的,仲裁委员会协助仲裁庭完成庭审工作。

第五节 送达与归档

第46条 仲裁办根据仲裁案件的受理、调解、仲裁等进度,严格按照法律规定程序和时限要求,及时送达相关文书,通知当事人、第三人及代理人参加仲裁活动。

第47条 仲裁办工作人员采取直接送达的,保留被送达人签收的送达回证;邮寄送达的,保留邮局的挂号收条;电话通知的,保留通话录音。被送达人拒绝签收的,工作人员可以采取拍照、录像或者法律规定的3人以上在场签字等方式,证明已送达。公告送达的,仲裁办应当保留刊登公告的相关报刊、图片等,在电子公告栏公告的,拍照留证,保留相关审批资料。

第48条 仲裁案件结案后10个工作日内,首席仲裁员对案件仲裁过程中涉及的文书、证据等相关资料进行整理、装订、交仲裁办归档。

第49条 仲裁办设立档案室,对农村土地承包纠纷调解仲裁档案进行保管。确定专人负责档案验收归档、档案查阅、保管等。制定档案查阅管理办法,明确档案查阅范围和查阅方式。

第五章 仲裁基础设施建设

第50条 农村土地承包仲裁委员会以满足仲裁工作需要为目标,按照统一建设标准,规范开展基础设施建设。

第51条 农村土地承包经营纠纷仲裁基础设施建设重点为"一庭三室",包括仲裁庭、合议调解室、案件受理室、档案会商室等固定仲裁场所建设,配套音视频显示和安防监控系统等建筑设备建设。

配套仲裁日常办公设备、仲裁调查取证、流动仲裁庭设备等办案设备。

第52条 农村土地承包经营纠纷仲裁基础设施建设内容

包括：

仲裁场所土建工程。新建或部分新建仲裁庭、合议调解室、案件受理室和档案会商室等仲裁场所，使用面积不低于268平方米。工程建设具体为门窗、墙地面、吊顶等建设及内部装修，暖通空调、供电照明和弱电系统等建筑设备安装，档案密集柜安装。

配备音视频显示系统。包括拾音、录音、扩音等音频信息采集和录播系统，文档图片视频播放、证据展示台等视频控制系统，电子公告牌、电子横幅、告示屏等显示系统及其集成。

配备安防监控系统。包括监控录像、应急安全报警联动、手机信号屏蔽、信息存储调用等系统及其集成。

配置仲裁设备。包括电子办公设备、录音录像及测绘设备和交通工具（配备具有统一标识的仲裁办案专用车）。

第53条　农村土地承包经营纠纷仲裁场所建设应尽可能独立成区，布局合理紧凑，以仲裁庭为中心，接待区域、庭审区域与办公区域相互隔离。具有独立的出入口，方便群众申请仲裁。

第54条　仲裁场所建筑设计、建造应符合经济、实用、美观的原则。建筑内部装修宜严肃、简洁、庄重，仲裁庭悬挂统一仲裁标志。建筑外观采用统一的形象标识。

第55条　编制仲裁委员会办公办案场所及物质装备建设计划，确定专人组织实施建设项目。

第六章　仲裁制度

第56条　制定印章管理办法。仲裁委员会印章由仲裁办明确专人管理。严格执行审批程序，印章使用需经仲裁办主任批准或授权。明确印章使用范围，印章管理人员应对加盖印章的各类仲裁文书及材料进行审查、留档，设立印章使用登记簿，并定期对登记清单进行整理、归档备查。

第57条　制定仲裁设施设备管理办法。仲裁办明确专人负责仲裁设施设备管理。设备领用应严格执行"申请-批准-登记-归还"的程序。仲裁设施设备不得挪作它用,未经仲裁办主任批准不得出借,严禁出租盈利。

第58条 加强仲裁员队伍管理。仲裁员在聘任期内,因各种原因不能正常办案的,应及时告知仲裁办;因故无法承办案件的,可提出不再担任仲裁员的申请,经仲裁委员会全体会议讨论通过,批准解聘。

仲裁办根据仲裁员的业务能力、工作经验和实际表现,逐步实行仲裁员分级管理。对仲裁员的仲裁活动予以监督,保证办案过程公正、廉洁、高效。建立仲裁员管理档案,准确记录仲裁员品行表现、办案情况、参加业务培训、年度考核结果及参加仲裁委员会其他活动的情况。

第59条 建立案件监督管理制度。仲裁办主任对仲裁案件实行统一监督管理。对仲裁案件进行期限跟踪,对办理期限即将届满的案件,予以警示催办;对超期限未办结的,应进行专案督办,限期结案。对仲裁案件进行后续跟踪,及时掌握调解裁决后执行情况及问题。

第60条 建立法制宣传教育工作制度。仲裁委员会接受政府委托,利用农贸会、庙会和农村各种集市,组织仲裁员和调解员开展现场法律咨询,发放法制宣传资料。乡镇调解委员会在村内设置法律宣传栏,系统解读法律,深入解析典型案例。注重发挥庭审的宣传教育作用,鼓励和组织人民群众参加庭审旁听。

第61条 建立完善仲裁经费管理制度。仲裁办编制仲裁工作经费预算,明确经费开支范围和开支标准,并在核定的预算范围内严格执行。各地根据当地情况制定办案仲裁员补贴和仲裁工作人员劳务费用补助标准,妥善解决仲裁员补贴和仲裁工作人员的劳务费用。当事人委托进行证据专业鉴定的,鉴定费用由当事人承担。

第62条 建立仲裁档案管理制度。案件结案后仲裁员应及时将案件材料归档,应归必归,不得短缺和遗漏。规范档案整理装订。落实档案管理岗位责任制,强化档案保管安全,严格档案借阅、查阅手续。当事人及其他相关人员在档案管理员指定地点查阅、复印调解书、裁决书、证据等非保密档案资料。仲裁委员会及仲裁办内部人员调阅仲裁档案,须经仲裁办主任批准。

第七章 附 则

第63条 本规范由农业部负责解释。

第64条 本规范自印发之日起实施。

● 司法解释及文件

10.《最高人民法院关于审理涉及农村土地承包经营纠纷调解仲裁案件适用法律若干问题的解释》(2020年12月29日)

为正确审理农村土地承包纠纷案件,依法保护当事人的合法权益,根据《中华人民共和国民法典》《中华人民共和国农村土地承包法》《中华人民共和国土地管理法》《中华人民共和国民事诉讼法》等法律的规定,结合民事审判实践,制定本解释。

一、受理与诉讼主体

第1条 下列涉及农村土地承包民事纠纷,人民法院应当依法受理:

(一)承包合同纠纷;

(二)承包经营权侵权纠纷;

(三)土地经营权侵权纠纷;

(四)承包经营权互换、转让纠纷;

(五)土地经营权流转纠纷;

(六)承包地征收补偿费用分配纠纷;

(七)承包经营权继承纠纷;

(八)土地经营权继承纠纷。

农村集体经济组织成员因未实际取得土地承包经营权提起民事诉讼的,人民法院应当告知其向有关行政主管部门申请解决。

农村集体经济组织成员就用于分配的土地补偿费数额提起民事诉讼的,人民法院不予受理。

第2条 当事人自愿达成书面仲裁协议的,受诉人民法院应当参照《最高人民法院关于适用〈中华人民共和国民事诉讼法〉的解释》第二百一十五条、第二百一十六条的规定处理。

当事人未达成书面仲裁协议,一方当事人向农村土地承包仲裁机构申请仲裁,另一方当事人提起诉讼的,人民法院应予受理,并书面通知仲裁机构。但另一方当事人接受仲裁管辖后又起诉的,人民法院不予受理。

当事人对仲裁裁决不服并在收到裁决书之日起三十日内提起诉讼的,人民法院应予受理。

第3条 承包合同纠纷,以发包方和承包方为当事人。

前款所称承包方是指以家庭承包方式承包本集体经济组织农村土地的农户,以及以其他方式承包农村土地的组织或者个人。

第4条 农户成员为多人的,由其代表人进行诉讼。

农户代表人按照下列情形确定:

(一)土地承包经营权证等证书上记载的人;

(二)未依法登记取得土地承包经营权证等证书的,为在承包合同上签名的人;

(三)前两项规定的人死亡、丧失民事行为能力或者因其他原因无法进行诉讼的,为农户成员推选的人。

二、家庭承包纠纷案件的处理

第5条 承包合同中有关收回、调整承包地的约定违反农村土地承包法第二十七条、第二十八条、第三十一条规定的,应当认定该约定无效。

第6条 因发包方违法收回、调整承包地,或者因发包方收回承包方弃耕、撂荒的承包地产生的纠纷，按照下列情形，分别处理：

（一）发包方未将承包地另行发包，承包方请求返还承包地的，应予支持；

（二）发包方已将承包地另行发包给第三人，承包方以发包方和第三人为共同被告，请求确认其所签订的承包合同无效、返还承包地并赔偿损失的，应予支持。但属于承包方弃耕、撂荒情形的，对其赔偿损失的诉讼请求，不予支持。

前款第（二）项所称的第三人，请求受益方补偿其在承包地上的合理投入的，应予支持。

第7条　承包合同约定或者土地承包经营权证等证书记载的承包期限短于农村土地承包法规定的期限，承包方请求延长的，应予支持。

第8条　承包方违反农村土地承包法第十八条规定，未经依法批准将承包地用于非农建设或者对承包地造成永久性损害，发包方请求承包方停止侵害、恢复原状或者赔偿损失的，应予支持。

第9条　发包方根据农村土地承包法第二十七条规定收回承包地前，承包方已经以出租、入股或者其他形式将其土地经营权流转给第三人，且流转期限尚未届满，因流转价款收取产生的纠纷，按照下列情形，分别处理：

（一）承包方已经一次性收取了流转价款，发包方请求承包方返还剩余流转期限的流转价款的，应予支持；

（二）流转价款为分期支付，发包方请求第三人按照流转合同的约定支付流转价款的，应予支持。

第10条　承包方交回承包地不符合农村土地承包法第三十条规定程序的，不得认定其为自愿交回。

第11条　土地经营权流转中，本集体经济组织成员在流转价款、流转期限等主要内容相同的条件下主张优先权的，应予支持。但下列情形除外：

（一）在书面公示的合理期限内未提出优先权主张的；

（二）未经书面公示，在本集体经济组织以外的人开始使用承包地两个月内未提出优先权主张的。

第12条 发包方胁迫承包方将土地经营权流转给第三人，承包方请求撤销其与第三人签订的流转合同的，应予支持。

发包方阻碍承包方依法流转土地经营权，承包方请求排除妨碍、赔偿损失的，应予支持。

第13条 承包方未经发包方同意，转让其土地承包经营权的，转让合同无效。但发包方无法定理由不同意或者拖延表态的除外。

第14条 承包方依法采取出租、入股或者其他方式流转土地经营权，发包方仅以该土地经营权流转合同未报其备案为由，请求确认合同无效的，不予支持。

第15条 因承包方不收取流转价款或者向对方支付费用的约定产生纠纷，当事人协商变更无法达成一致，且继续履行又显失公平的，人民法院可以根据发生变更的客观情况，按照公平原则处理。

第16条 当事人对出租地流转期限没有约定或者约定不明的，参照民法典第七百三十条规定处理。除当事人另有约定或者属于林地承包经营外，承包地交回的时间应当在农作物收获期结束后或者下一耕种期开始前。

对提高土地生产能力的投入，对方当事人请求承包方给予相应补偿的，应予支持。

第17条 发包方或者其他组织、个人擅自截留、扣缴承包收益或者土地经营权流转收益，承包方请求返还的，应予支持。

发包方或者其他组织、个人主张抵销的，不予支持。

三、其他方式承包纠纷的处理

第18条 本集体经济组织成员在承包费、承包期限等主要内容相同的条件下主张优先承包的，应予支持。但在发包方将农村土地发包给本集体经济组织以外的组织或者个人，已经法律规定的民主议定程序通过，并由乡（镇）人民政府批准后主张优先承包的，不予支持。

第19条　发包方就同一土地签订两个以上承包合同，承包方均主张取得土地经营权的，按照下列情形，分别处理：

（一）已经依法登记的承包方，取得土地经营权；

（二）均未依法登记的，生效在先合同的承包方取得土地经营权；

（三）依前两项规定无法确定的，已经根据承包合同合法占有使用承包地的人取得土地经营权，但争议发生后一方强行先占承包地的行为和事实，不得作为确定土地经营权的依据。

四、土地征收补偿费用分配及土地承包经营权继承纠纷的处理

第20条　承包地被依法征收，承包方请求发包方给付已经收到的地上附着物和青苗的补偿费的，应予支持。

承包方已将土地经营权以出租、入股或者其他方式流转给第三人的，除当事人另有约定外，青苗补偿费归实际投入人所有，地上附着物补偿费归附着物所有人所有。

第21条　承包地被依法征收，放弃统一安置的家庭承包方，请求发包方给付已经收到的安置补助费的，应予支持。

第22条　农村集体经济组织或者村民委员会、村民小组，可以依照法律规定的民主议定程序，决定在本集体经济组织内部分配已经收到的土地补偿费。征地补偿安置方案确定时已经具有本集体经济组织成员资格的人，请求支付相应份额的，应予支持。但已报全国人大常委会、国务院备案的地方性法规、自治条例和单行条例、地方政府规章对土地补偿费在农村集体经济组织内部的分配办法另有规定的除外。

第 23 条　林地家庭承包中，承包方的继承人请求在承包期内继续承包的，应予支持。

其他方式承包中，承包方的继承人或者权利义务承受者请求在承包期内继续承包的，应予支持。

五、其他规定

第 24 条　人民法院在审理涉及本解释第五条、第六条第一款第（二）项及第二款、第十五条的纠纷案件时，应当着重进行调解。必要时可以委托人民调解组织进行调解。

第 25 条　本解释自 2005 年 9 月 1 日起施行。施行后受理的第一审案件，适用本解释的规定。

施行前已经生效的司法解释与本解释不一致的，以本解释为准。

11.《最高人民法院关于建立健全诉讼与非诉讼相衔接的矛盾纠纷解决机制的若干意见》（2009 年 7 月 24 日　法发〔2009〕45 号）

6. 要进一步加强与农村土地承包仲裁机构的沟通和协调，妥善处理农村土地承包纠纷，努力为农村改革发展提供强有力的司法保障和法律服务。当事人对农村土地承包仲裁机构裁决不服而提起诉讼的，人民法院应当及时审理。当事人申请法院强制执行已经发生法律效力的裁决书和调解书的，人民法院应当依法及时执行。

● 地方性法规及文件

12.《湖北省农村土地承包经营条例》（2012 年 7 月 27 日）

第 53 条　县级以上人民政府应当加大投入，加强土地承包经营纠纷调解仲裁体系建设，指导设立土地承包仲裁委员会。土地承包仲裁委员会的日常工作由当地土地承包经营管理部门承担。

乡级人民政府依托土地承包经营管理机构设立土地承包经营

纠纷调解委员会，村设调解员。

省人民政府农业行政主管部门负责土地承包纠纷仲裁员培训和资格认定。

第54条　发生土地承包经营纠纷，双方当事人可以自行协商解决，也可以申请村民委员会和乡级人民政府调解。

当事人不愿协商、调解或者协商、调解不成的，可以向土地承包仲裁委员会申请仲裁，也可以直接向人民法院起诉。

协商、调解、仲裁、诉讼期间，双方当事人不得影响对方的正常生产；对生产季节性强的种植业、养殖业等土地承包经营纠纷，可以裁定先行恢复生产。

13.《河北省农村土地承包条例》（2013年7月25日）

第38条　下列土地承包合同或者土地承包经营权流转合同，当事人一方有权请求农村土地承包仲裁委员会或者人民法院变更或者撤销：

（一）因重大误解订立的；

（二）在订立合同时显失公平的。

采取欺诈、胁迫等不正当手段或者乘人之危，使对方在违背真实意愿的情况下订立的合同，受损害方有权请求农村土地承包仲裁委员会或者人民法院变更或者撤销。

第40条　农村土地承包经营发生下列纠纷的，当事人可以自行和解，也可以请求村民委员会、乡、镇人民政府以及有关调解组织予以调解解决：

（一）因订立、履行、变更、解除和终止土地承包合同发生的纠纷；

（二）因土地承包经营权转包、出租、互换、转让、入股等流转发生的纠纷；

（三）因收回、调整承包地发生的纠纷；

（四）因确认土地承包经营权发生的纠纷；

（五）因侵害土地承包经营权发生的纠纷；

（六）法律、行政法规规定的其他土地承包经营纠纷。

第41条 村民委员会、乡、镇人民政府以及有关调解组织调解农村土地承包经营纠纷，应当遵循下列原则：

（一）在当事人自愿、平等的基础上进行调解；

（二）不违背法律、行政法规和国家政策；

（三）尊重当事人的权利，不得因调解而阻止当事人依法通过仲裁、行政、司法等途径维护自己的权利；

（四）不得收取任何费用。

第43条 农村土地承包仲裁委员会及仲裁庭人员组成、仲裁案件的申请、受理、开庭、裁决、执行等依照《中华人民共和国农村土地承包经营纠纷调解仲裁法》的规定执行。

14.《湖南省实施〈中华人民共和国农村土地承包法〉办法》（2021年3月31日）

第25条 因农村土地承包经营发生纠纷的，双方当事人可以协商解决，可以请求村民委员会或者乡镇人民政府、街道办事处等调解解决，或者申请农村土地承包仲裁机构仲裁，也可以直接向人民法院起诉。

协商、调解、仲裁、诉讼期间，双方当事人不得影响对方的正常生产。

第26条 农村土地承包经营纠纷仲裁不得向当事人收取费用。对确因经济困难无力支付法律服务费用的农民进行农村土地承包经营权的诉讼，人民法院应当依法缓收、减收或者免收案件诉讼费。

司法行政部门及法律援助机构应当依法为进行农村土地承包经营纠纷仲裁、诉讼的农民提供法律援助。

第27条 发包方、承包方不履行承包合同义务或者履行义务不符合约定的，应当依法承担违约责任。

第28条 国家机关及其工作人员利用职权干涉农村土地承包或者承包方依法享有的生产经营自主权，或者强迫、阻碍承包方进行土地承包经营权流转，或者非法征收、征用农村集体所有的土地等，给承包方造成损失的，应当承担损害赔偿等责任；对直接责任人员由其所在单位或者上级机关依法给予行政处分；构成犯罪的，依法追究刑事责任。

第29条 违反本办法其他规定，依照《农村土地承包法》等法律、法规应当给予处罚的，由相关部门依法给予处罚。

第五十六条 侵害土地承包经营权、土地经营权应当承担民事责任

任何组织和个人侵害土地承包经营权、土地经营权的，应当承担民事责任。

● 法 律

1.《民法典》（2020年5月28日）

第120条 民事权益受到侵害的，被侵权人有权请求侵权人承担侵权责任。

第176条 民事主体依照法律规定或者按照当事人约定，履行民事义务，承担民事责任。

第177条 二人以上依法承担按份责任，能够确定责任大小的，各自承担相应的责任；难以确定责任大小的，平均承担责任。

第178条 二人以上依法承担连带责任的，权利人有权请求部分或者全部连带责任人承担责任。

连带责任人的责任份额根据各自责任大小确定；难以确定责任大小的，平均承担责任。实际承担责任超过自己责任份额的连带责任人，有权向其他连带责任人追偿。

连带责任，由法律规定或者当事人约定。

第179条　承担民事责任的方式主要有：

（一）停止侵害；

（二）排除妨碍；

（三）消除危险；

（四）返还财产；

（五）恢复原状；

（六）修理、重作、更换；

（七）继续履行；

（八）赔偿损失；

（九）支付违约金；

（十）消除影响、恢复名誉；

（十一）赔礼道歉。

法律规定惩罚性赔偿的，依照其规定。

本条规定的承担民事责任的方式，可以单独适用，也可以合并适用。

第187条　民事主体因同一行为应当承担民事责任、行政责任和刑事责任的，承担行政责任或者刑事责任不影响承担民事责任；民事主体的财产不足以支付的，优先用于承担民事责任。

第1165条　行为人因过错侵害他人民事权益造成损害的，应当承担侵权责任。

依照法律规定推定行为人有过错，其不能证明自己没有过错的，应当承担侵权责任。

第1166条　行为人造成他人民事权益损害，不论行为人有无过错，法律规定应当承担侵权责任的，依照其规定。

第1167条　侵权行为危及他人人身、财产安全的，被侵权人有权请求侵权人承担停止侵害、排除妨碍、消除危险等侵权责任。

第1184条　侵害他人财产的，财产损失按照损失发生时的市场价格或者其他合理方式计算。

2.《农业法》(2012年12月28日)

第90条 违反本法规定,侵害农民和农业生产经营组织的土地承包经营权等财产权或者其他合法权益的,应当停止侵害,恢复原状;造成损失、损害的,依法承担赔偿责任。

国家工作人员利用职务便利或者以其他名义侵害农民和农业生产经营组织的合法权益的,应当赔偿损失,并由其所在单位或者上级主管机关给予行政处分。

第五十七条　发包方的民事责任

发包方有下列行为之一的,应当承担停止侵害、排除妨碍、消除危险、返还财产、恢复原状、赔偿损失等民事责任:

(一)干涉承包方依法享有的生产经营自主权;

(二)违反本法规定收回、调整承包地;

(三)强迫或者阻碍承包方进行土地承包经营权的互换、转让或者土地经营权流转;

(四)假借少数服从多数强迫承包方放弃或者变更土地承包经营权;

(五)以划分"口粮田"和"责任田"等为由收回承包地搞招标承包;

(六)将承包地收回抵顶欠款;

(七)剥夺、侵害妇女依法享有的土地承包经营权;

(八)其他侵害土地承包经营权的行为。

● 法　律

1.《农村集体经济组织法》(2024年6月28日)

第8条 国家保护农村集体经济组织及其成员的合法权益,任何组织和个人不得侵犯。

农村集体经济组织成员集体所有的财产受法律保护，任何组织和个人不得侵占、挪用、截留、哄抢、私分、破坏。

妇女享有与男子平等的权利，不得以妇女未婚、结婚、离婚、丧偶、户无男性等为由，侵害妇女在农村集体经济组织中的各项权益。

第 56 条 对确认农村集体经济组织成员身份有异议，或者农村集体经济组织因内部管理、运行、收益分配等发生纠纷的，当事人可以请求乡镇人民政府、街道办事处或者县级人民政府农业农村主管部门调解解决；不愿调解或者调解不成的，可以向农村土地承包仲裁机构申请仲裁，也可以直接向人民法院提起诉讼。

确认农村集体经济组织成员身份时侵害妇女合法权益，导致社会公共利益受损的，检察机关可以发出检察建议或者依法提起公益诉讼。

2. 《农业法》（2012 年 12 月 28 日）

第 90 条 违反本法规定，侵害农民和农业生产经营组织的土地承包经营权等财产权或者其他合法权益的，应当停止侵害，恢复原状；造成损失、损害的，依法承担赔偿责任。

国家工作人员利用职务便利或者以其他名义侵害农民和农业生产经营组织的合法权益的，应当赔偿损失，并由其所在单位或者上级主管机关给予行政处分。

● 司法解释及文件

3. 《最高人民法院关于审理涉及农村土地承包纠纷案件适用法律问题的解释》（2020 年 12 月 29 日）

第 6 条 因发包方违法收回、调整承包地，或者因发包方收回承包方弃耕、撂荒的承包地产生的纠纷，按照下列情形，分别处理：

（一）发包方未将承包地另行发包，承包方请求返还承包地的，应予支持；

（二）发包方已将承包地另行发包给第三人，承包方以发包方和第三人为共同被告，请求确认其所签订的承包合同无效、返还承包地并赔偿损失的，应予支持。但属于承包方弃耕、撂荒情形的，对其赔偿损失的诉讼请求，不予支持。

前款第（二）项所称的第三人，请求受益方补偿其在承包地上的合理投入的，应予支持。

● **地方性法规及文件**

4. 《**湖北省农村土地承包经营条例**》（2012年7月27日）

第55条 发包方有下列行为之一的，由县级以上人民政府土地承包经营管理部门责令限期改正；逾期不改正的，对直接责任人员处以1000元以上5000元以下的罚款；给承包方造成损失的，依法承担民事责任：

（一）越权发包土地的；

（二）约定的承包期不符合法定期限的；

（三）未按照法定程序发包的；

（四）剥夺、侵害本集体经济组织成员依法享有的土地承包经营权的；

（五）干涉承包方依法享有的生产经营自主权的；

（六）未经法定程序调整或者收回承包地的；

（七）擅自变更、解除或者扣留承包方的承包合同的；

（八）未按照规定申办土地承包经营权证，扣留或者擅自更改土地承包经营权证的；

（九）强迫或者阻碍承包方进行土地承包经营权流转的；

（十）侵占、截留、扣缴、挪用承包方流转收益的；

（十一）其他侵害承包方土地承包经营权益的行为。

第 56 条 承包方或者流转受让方改变土地农业用途或者对土地造成永久性损害的,由县级以上人民政府土地行政主管部门责令限期改正或者治理,并依法处以罚款;构成犯罪的,依法追究刑事责任。

承包方占用应当交回的承包土地的,由县级以上人民政府土地承包经营管理部门责令限期改正,逾期不改正的,处 500 元以上 2000 元以下的罚款,并依法注销土地承包经营权证,予以公告;给他人造成损失的,依法承担民事责任。

5.《河北省农村土地承包条例》(2013 年 7 月 25 日)

第 46 条 违反本条例规定,发包方有下列行为之一的,由县级人民政府农业、林业等农村土地承包管理部门,乡、镇人民政府责令限期改正。发包方应当承担停止侵害、返还原物、恢复原状、排除妨害、消除危险、赔偿损失等民事责任:

(一) 应当以家庭承包方式发包的农村土地,未依法发包到户或者承包期不足法定期限的;

(二) 以其他方式承包的土地,未通过招标、拍卖、公开协商等方式承包,或者不公示承包方案的;

(三) 干涉承包方依法享有的生产经营自主权的;

(四) 违法收回或者调整承包地的;

(五) 强迫或者阻碍承包方进行土地承包经营权流转的;

(六) 擅自截留、扣缴承包方土地承包经营权流转收益的;

(七) 未依法办理土地承包经营权证、林权证等证书,或者扣留、擅自更改土地承包合同、土地承包经营权证或者林权证等证书的;

(八) 剥夺、侵害妇女依法享有的土地承包权的;

(九) 其他侵害承包方土地承包经营权益的行为。

第五十八条　承包合同中无效的约定

承包合同中违背承包方意愿或者违反法律、行政法规有关不得收回、调整承包地等强制性规定的约定无效。

● 法　律

1. 《民法典》（2020年5月28日）

第144条　无民事行为能力人实施的民事法律行为无效。

第146条　行为人与相对人以虚假的意思表示实施的民事法律行为无效。

以虚假的意思表示隐藏的民事法律行为的效力，依照有关法律规定处理。

第153条　违反法律、行政法规的强制性规定的民事法律行为无效。但是，该强制性规定不导致该民事法律行为无效的除外。

违背公序良俗的民事法律行为无效。

第154条　行为人与相对人恶意串通，损害他人合法权益的民事法律行为无效。

第155条　无效的或者被撤销的民事法律行为自始没有法律约束力。

第156条　民事法律行为部分无效，不影响其他部分效力的，其他部分仍然有效。

第197条　诉讼时效的期间、计算方法以及中止、中断的事由由法律规定，当事人约定无效。

当事人对诉讼时效利益的预先放弃无效。

2. 《农村土地承包法》（2018年12月29日）

第15条　发包方承担下列义务：

（一）维护承包方的土地承包经营权，不得非法变更、解除承包合同；

……

第27条　承包期内，发包方不得收回承包地。

国家保护进城农户的土地承包经营权。不得以退出土地承包经营权作为农户进城落户的条件。

承包期内，承包农户进城落户的，引导支持其按照自愿有偿原则依法在本集体经济组织内转让土地承包经营权或者将承包地交回发包方，也可以鼓励其流转土地经营权。

承包期内，承包方交回承包地或者发包方依法收回承包地时，承包方对其在承包地上投入而提高土地生产能力的，有权获得相应的补偿。

第28条　承包期内，发包方不得调整承包地。

承包期内，因自然灾害严重毁损承包地等特殊情形对个别农户之间承包的耕地和草地需要适当调整的，必须经本集体经济组织成员的村民会议三分之二以上成员或者三分之二以上村民代表的同意，并报乡（镇）人民政府和县级人民政府农业农村、林业和草原等主管部门批准。承包合同中约定不得调整的，按照其约定。

第31条　承包期内，妇女结婚，在新居住地未取得承包地的，发包方不得收回其原承包地；妇女离婚或者丧偶，仍在原居住地生活或者不在原居住地生活但在新居住地未取得承包地的，发包方不得收回其原承包地。

第五十九条　违约责任

当事人一方不履行合同义务或者履行义务不符合约定的，应当依法承担违约责任。①

---

① 本法第15条规定的发包方五项义务中，违反"维护承包方的土地承包经营权，不得非法变更、解除承包合同"以及"尊重承包方的生产经营自主权，不得干涉承包方依法进行正常的生产经营活动"两项规定的行为，已被本法第57条明确规定为应当承担侵权责任，因此这两项不再适用本条的规定。另外，若发包方违反了法定义务，承包方可以依据《民法典》第186条的规定，即可以依照《农村土地承包法》第57条的规定请求发包方承担侵权责任，也可以依照《民法典》的规定要求发包方承担违约责任。

● 法　律

《民法典》（2020 年 5 月 28 日）

第 577 条　当事人一方不履行合同义务或者履行合同义务不符合约定的，应当承担继续履行、采取补救措施或者赔偿损失等违约责任。

第 578 条　当事人一方明确表示或者以自己的行为表明不履行合同义务的，对方可以在履行期限届满前请求其承担违约责任。

第 579 条　当事人一方未支付价款、报酬、租金、利息，或者不履行其他金钱债务的，对方可以请求其支付。

第 580 条　当事人一方不履行非金钱债务或者履行非金钱债务不符合约定的，对方可以请求履行，但是有下列情形之一的除外：

（一）法律上或者事实上不能履行；

（二）债务的标的不适于强制履行或者履行费用过高；

（三）债权人在合理期限内未请求履行。

有前款规定的除外情形之一，致使不能实现合同目的的，人民法院或者仲裁机构可以根据当事人的请求终止合同权利义务关系，但是不影响违约责任的承担。

第 581 条　当事人一方不履行债务或者履行债务不符合约定，根据债务的性质不得强制履行的，对方可以请求其负担由第三人替代履行的费用。

第 582 条　履行不符合约定的，应当按照当事人的约定承担违约责任。对违约责任没有约定或者约定不明确，依据本法第五百一十条的规定仍不能确定的，受损害方根据标的的性质以及损失的大小，可以合理选择请求对方承担修理、重作、更换、退货、减少价款或者报酬等违约责任。

第 583 条　当事人一方不履行合同义务或者履行合同义务不

符合约定的，在履行义务或者采取补救措施后，对方还有其他损失的，应当赔偿损失。

第584条　当事人一方不履行合同义务或者履行合同义务不符合约定，造成对方损失的，损失赔偿额应当相当于因违约所造成的损失，包括合同履行后可以获得的利益；但是，不得超过违约一方订立合同时预见到或者应当预见到的因违约可能造成的损失。

第585条　当事人可以约定一方违约时应当根据违约情况向对方支付一定数额的违约金，也可以约定因违约产生的损失赔偿额的计算方法。

约定的违约金低于造成的损失的，人民法院或者仲裁机构可以根据当事人的请求予以增加；约定的违约金过分高于造成的损失的，人民法院或者仲裁机构可以根据当事人的请求予以适当减少。

当事人就迟延履行约定违约金的，违约方支付违约金后，还应当履行债务。

第586条　当事人可以约定一方向对方给付定金作为债权的担保。定金合同自实际交付定金时成立。

定金的数额由当事人约定；但是，不得超过主合同标的额的百分之二十，超过部分不产生定金的效力。实际交付的定金数额多于或者少于约定数额的，视为变更约定的定金数额。

第587条　债务人履行债务的，定金应当抵作价款或者收回。给付定金的一方不履行债务或者履行债务不符合约定，致使不能实现合同目的的，无权请求返还定金；收受定金的一方不履行债务或者履行债务不符合约定，致使不能实现合同目的的，应当双倍返还定金。

第588条　当事人既约定违约金，又约定定金的，一方违约时，对方可以选择适用违约金或者定金条款。

定金不足以弥补一方违约造成的损失的,对方可以请求赔偿超过定金数额的损失。

第589条　债务人按照约定履行债务,债权人无正当理由拒绝受领的,债务人可以请求债权人赔偿增加的费用。

在债权人受领迟延期间,债务人无须支付利息。

第590条　当事人一方因不可抗力不能履行合同的,根据不可抗力的影响,部分或者全部免除责任,但是法律另有规定的除外。因不可抗力不能履行合同的,应当及时通知对方,以减轻可能给对方造成的损失,并应当在合理期限内提供证明。

当事人迟延履行后发生不可抗力的,不免除其违约责任。

第591条　当事人一方违约后,对方应当采取适当措施防止损失的扩大;没有采取适当措施致使损失扩大的,不得就扩大的损失请求赔偿。

当事人因防止损失扩大而支出的合理费用,由违约方负担。

第592条　当事人都违反合同的,应当各自承担相应的责任。

当事人一方违约造成对方损失,对方对损失的发生有过错的,可以减少相应的损失赔偿额。

第593条　当事人一方因第三人的原因造成违约的,应当依法向对方承担违约责任。当事人一方和第三人之间的纠纷,依照法律规定或者按照约定处理。

第594条　因国际货物买卖合同和技术进出口合同争议提起诉讼或者申请仲裁的时效期间为四年。

第六十条　无效的土地承包经营权互换、转让或土地经营权流转

任何组织和个人强迫进行土地承包经营权互换、转让或者土地经营权流转的,该互换、转让或者流转无效。

● 法　律

《民法典》（2020 年 5 月 28 日）

第 144 条　无民事行为能力人实施的民事法律行为无效。

第 146 条　行为人与相对人以虚假的意思表示实施的民事法律行为无效。

以虚假的意思表示隐藏的民事法律行为的效力，依照有关法律规定处理。

第 153 条　违反法律、行政法规的强制性规定的民事法律行为无效。但是，该强制性规定不导致该民事法律行为无效的除外。

违背公序良俗的民事法律行为无效。

第 154 条　行为人与相对人恶意串通，损害他人合法权益的民事法律行为无效。

第 155 条　无效的或者被撤销的民事法律行为自始没有法律约束力。

第 156 条　民事法律行为部分无效，不影响其他部分效力的，其他部分仍然有效。

第 197 条　诉讼时效的期间、计算方法以及中止、中断的事由由法律规定，当事人约定无效。

当事人对诉讼时效利益的预先放弃无效。

第六十一条　擅自截留、扣缴土地承包经营权互换、转让或土地经营权流转收益的处理

> 任何组织和个人擅自截留、扣缴土地承包经营权互换、转让或者土地经营权流转收益的，应当退还。

● 法　律

《农业法》（2012 年 12 月 28 日）

第 71 条　国家依法征收农民集体所有的土地，应当保护农

民和农村集体经济组织的合法权益,依法给予农民和农村集体经济组织征地补偿,任何单位和个人不得截留、挪用征地补偿费用。

第六十二条 非法征收、征用、占用土地或者贪污、挪用土地征收、征用补偿费用的法律责任

违反土地管理法规,非法征收、征用、占用土地或者贪污、挪用土地征收、征用补偿费用,构成犯罪的,依法追究刑事责任;造成他人损害的,应当承担损害赔偿等责任。

● 法　律

1.《土地管理法》(2019年8月26日)

第80条　侵占、挪用被征收土地单位的征地补偿费用和其他有关费用,构成犯罪的,依法追究刑事责任;尚不构成犯罪的,依法给予处分。

2.《刑法》(2023年12月29日)

第342条　违反土地管理法规,非法占用耕地、林地等农用地,改变被占用土地用途,数量较大,造成耕地、林地等农用地大量毁坏的,处五年以下有期徒刑或者拘役,并处或者单处罚金。

第382条　国家工作人员利用职务上的便利,侵吞、窃取、骗取或者以其他手段非法占有公共财物的,是贪污罪。

受国家机关、国有公司、企业、事业单位、人民团体委托管理、经营国有财产的人员,利用职务上的便利,侵吞、窃取、骗取或者以其他手段非法占有国有财物的,以贪污论。

与前两款所列人员勾结,伙同贪污的,以共犯论处。

第383条　对犯贪污罪的,根据情节轻重,分别依照下列规定处罚:

(一)贪污数额较大或者有其他较重情节的,处三年以下有

期徒刑或者拘役，并处罚金。

（二）贪污数额巨大或者有其他严重情节的，处三年以上十年以下有期徒刑，并处罚金或者没收财产。

（三）贪污数额特别巨大或者有其他特别严重情节的，处十年以上有期徒刑或者无期徒刑，并处罚金或者没收财产；数额特别巨大，并使国家和人民利益遭受特别重大损失的，处无期徒刑或者死刑，并处没收财产。

对多次贪污未经处理的，按照累计贪污数额处罚。

犯第一款罪，在提起公诉前如实供述自己罪行、真诚悔罪、积极退赃、避免、减少损害结果的发生，有第一项规定情形的，可以从轻、减轻或者免除处罚；有第二项、第三项规定情形的，可以从轻处罚。

犯第一款罪，有第三项规定情形被判处死刑缓期执行的，人民法院根据犯罪情节等情况可以同时决定在其死刑缓期执行二年期满依法减为无期徒刑后，终身监禁，不得减刑、假释。

第384条 国家工作人员利用职务上的便利，挪用公款归个人使用，进行非法活动的，或者挪用公款数额较大、进行营利活动的，或者挪用公款数额较大、超过三个月未还的，是挪用公款罪，处五年以下有期徒刑或者拘役；情节严重的，处五年以上有期徒刑。挪用公款数额巨大不退还的，处十年以上有期徒刑或者无期徒刑。

挪用用于救灾、抢险、防汛、优抚、扶贫、移民、救济款物归个人使用的，从重处罚。

第410条 国家机关工作人员徇私舞弊，违反土地管理法规，滥用职权，非法批准征收、征用、占用土地，或者非法低价出让国有土地使用权，情节严重的，处三年以下有期徒刑或者拘役；致使国家或者集体利益遭受特别重大损失的，处三年以上七年以下有期徒刑。

第六十三条 违法将承包地用于非农建设或者给承包地造成永久性损害的法律责任

承包方、土地经营权人违法将承包地用于非农建设的,由县级以上地方人民政府有关主管部门依法予以处罚。

承包方给承包地造成永久性损害的,发包方有权制止,并有权要求赔偿由此造成的损失。

● 法　律

《土地管理法》(2019 年 8 月 26 日)

第 3 条　十分珍惜、合理利用土地和切实保护耕地是我国的基本国策。各级人民政府应当采取措施,全面规划,严格管理,保护、开发土地资源,制止非法占用土地的行为。

第 4 条　国家实行土地用途管制制度。

国家编制土地利用总体规划,规定土地用途,将土地分为农用地、建设用地和未利用地。严格限制农用地转为建设用地,控制建设用地总量,对耕地实行特殊保护。

前款所称农用地是指直接用于农业生产的土地,包括耕地、林地、草地、农田水利用地、养殖水面等;建设用地是指建造建筑物、构筑物的土地,包括城乡住宅和公共设施用地、工矿用地、交通水利设施用地、旅游用地、军事设施用地等;未利用地是指农用地和建设用地以外的土地。

使用土地的单位和个人必须严格按照土地利用总体规划确定的用途使用土地。

第 13 条　农民集体所有和国家所有依法由农民集体使用的耕地、林地、草地,以及其他依法用于农业的土地,采取农村集体经济组织内部的家庭承包方式承包,不宜采取家庭承包方式的荒山、荒沟、荒丘、荒滩等,可以采取招标、拍卖、公开协商等方式承包,从事种植业、林业、畜牧业、渔业生产。家庭承包的耕地的承包期为三十年，草地的承包期为三十年至五十年，林地的承包期为三十年至七十年；耕地承包期届满后再延长三十年，草地、林地承包期届满后依法相应延长。

国家所有依法用于农业的土地可以由单位或者个人承包经营，从事种植业、林业、畜牧业、渔业生产。

发包方和承包方应当依法订立承包合同，约定双方的权利和义务。承包经营土地的单位和个人，有保护和按照承包合同约定的用途合理利用土地的义务。

第六十四条　土地经营权人的民事责任

土地经营权人擅自改变土地的农业用途、弃耕抛荒连续两年以上、给土地造成严重损害或者严重破坏土地生态环境，承包方在合理期限内不解除土地经营权流转合同的，发包方有权要求终止土地经营权流转合同。土地经营权人对土地和土地生态环境造成的损害应当予以赔偿。

第六十五条　国家机关及其工作人员利用职权侵害土地承包经营权、土地经营权行为的法律责任

国家机关及其工作人员有利用职权干涉农村土地承包经营，变更、解除承包经营合同，干涉承包经营当事人依法享有的生产经营自主权，强迫、阻碍承包经营当事人进行土地承包经营权互换、转让或者土地经营权流转等侵害土地承包经营权、土地经营权的行为，给承包经营当事人造成损失的，应当承担损害赔偿等责任；情节严重的，由上级机关或者所在单位给予直接责任人员处分；构成犯罪的，依法追究刑事责任。

法　律

1. 《**土地管理法**》（2019 年 8 月 26 日）

    第 80 条　侵占、挪用被征收土地单位的征地补偿费用和其他有关费用，构成犯罪的，依法追究刑事责任；尚不构成犯罪的，依法给予处分。

    第 84 条　自然资源主管部门、农业农村主管部门的工作人员玩忽职守、滥用职权、徇私舞弊，构成犯罪的，依法追究刑事责任；尚不构成犯罪的，依法给予处分。

2. 《**刑法**》（2023 年 12 月 29 日）

    第 397 条　国家机关工作人员滥用职权或者玩忽职守，致使公共财产、国家和人民利益遭受重大损失的，处三年以下有期徒刑或者拘役；情节特别严重的，处三年以上七年以下有期徒刑。本法另有规定的，依照规定。

    国家机关工作人员徇私舞弊，犯前款罪的，处五年以下有期徒刑或者拘役；情节特别严重的，处五年以上十年以下有期徒刑。本法另有规定的，依照规定。

3. 《**农业法**》（2012 年 12 月 28 日）

    第 90 条　违反本法规定，侵害农民和农业生产经营组织的土地承包经营权等财产权或者其他合法权益的，应当停止侵害，恢复原状；造成损失、损害的，依法承担赔偿责任。

    国家工作人员利用职务便利或者以其他名义侵害农民和农业生产经营组织的合法权益的，应当赔偿损失，并由其所在单位或者上级主管机关给予行政处分。

4. 《**国家赔偿法**》（2012 年 10 月 26 日）

    第 2 条　国家机关和国家机关工作人员行使职权，有本法规定的侵犯公民、法人和其他组织合法权益的情形，造成损害的，受害人有依照本法取得国家赔偿的权利。

本法规定的赔偿义务机关，应当依照本法及时履行赔偿义务。

第 4 条　行政机关及其工作人员在行使行政职权时有下列侵犯财产权情形之一的，受害人有取得赔偿的权利：

（一）违法实施罚款、吊销许可证和执照、责令停产停业、没收财物等行政处罚的；

（二）违法对财产采取查封、扣押、冻结等行政强制措施的；

（三）违法征收、征用财产的；

（四）造成财产损害的其他违法行为。

第 5 条　属于下列情形之一的，国家不承担赔偿责任：

（一）行政机关工作人员与行使职权无关的个人行为；

（二）因公民、法人和其他组织自己的行为致使损害发生的；

（三）法律规定的其他情形。

第 7 条　行政机关及其工作人员行使行政职权侵犯公民、法人和其他组织的合法权益造成损害的，该行政机关为赔偿义务机关。

两个以上行政机关共同行使行政职权时侵犯公民、法人和其他组织的合法权益造成损害的，共同行使行政职权的行政机关为共同赔偿义务机关。

法律、法规授权的组织在行使授予的行政权力时侵犯公民、法人和其他组织的合法权益造成损害的，被授权的组织为赔偿义务机关。

受行政机关委托的组织或者个人在行使受委托的行政权力时侵犯公民、法人和其他组织的合法权益造成损害的，委托的行政机关为赔偿义务机关。

赔偿义务机关被撤销的，继续行使其职权的行政机关为赔偿义务机关；没有继续行使其职权的行政机关的，撤销该赔偿义务机关的行政机关为赔偿义务机关。

第 8 条 经复议机关复议的，最初造成侵权行为的行政机关为赔偿义务机关，但复议机关的复议决定加重损害的，复议机关对加重的部分履行赔偿义务。

第 9 条 赔偿义务机关有本法第三条、第四条规定情形之一的，应当给予赔偿。

赔偿请求人要求赔偿，应当先向赔偿义务机关提出，也可以在申请行政复议或者提起行政诉讼时一并提出。

第 10 条 赔偿请求人可以向共同赔偿义务机关中的任何一个赔偿义务机关要求赔偿，该赔偿义务机关应当先予赔偿。

第 32 条 国家赔偿以支付赔偿金为主要方式。

能够返还财产或者恢复原状的，予以返还财产或者恢复原状。

第 36 条 侵犯公民、法人和其他组织的财产权造成损害的，按照下列规定处理：

（一）处罚款、罚金、追缴、没收财产或者违法征收、征用财产的，返还财产；

（二）查封、扣押、冻结财产的，解除对财产的查封、扣押、冻结，造成财产损坏或者灭失的，依照本条第三项、第四项的规定赔偿；

（三）应当返还的财产损坏的，能够恢复原状的恢复原状，不能恢复原状的，按照损害程度给付相应的赔偿金；

（四）应当返还的财产灭失的，给付相应的赔偿金；

（五）财产已经拍卖或者变卖的，给付拍卖或者变卖所得的价款；变卖的价款明显低于财产价值的，应当支付相应的赔偿金；

（六）吊销许可证和执照、责令停产停业的，赔偿停产停业期间必要的经常性费用开支；

（七）返还执行的罚款或者罚金、追缴或者没收的金钱，解除冻结的存款或者汇款的，应当支付银行同期存款利息；

（八）对财产权造成其他损害的，按照直接损失给予赔偿。

● **部门规章及文件**

5. 《农村土地承包合同管理办法》（2023 年 2 月 17 日　农业农村部令 2023 年第 1 号）

第 30 条　国家机关及其工作人员利用职权干涉承包合同的订立、变更、终止，给承包方造成损失的，应当依法承担损害赔偿等责任；情节严重的，由上级机关或者所在单位给予直接责任人员处分；构成犯罪的，依法追究刑事责任。

● **地方性法规及文件**

6. 《陕西省实施〈中华人民共和国农村土地承包法〉办法》（2024 年 1 月 12 日）

第 30 条　国家机关及其工作人员利用职权有下列行为之一，给承包经营当事人造成损失的，应当依法承担损害赔偿等责任；情节严重的，由上级机关或者所在单位依法给予直接责任人员处分；构成犯罪的，依法追究刑事责任：

（一）干涉农村土地承包经营，变更、解除承包经营合同的；

（二）干涉承包经营当事人依法享有的生产经营自主权的；

（三）强迫、阻碍承包经营当事人进行土地承包经营权互换、转让或者土地经营权流转等侵害土地承包经营权、土地经营权的；

（四）违反规定登记、颁发、变更、注销不动产权属证书的；

（五）其他滥用职权、玩忽职守、徇私舞弊的侵害土地承包经营权的行为。

7. 《湖北省农村土地承包经营条例》（2012 年 7 月 27 日）

第 57 条　国家机关及其工作人员有下列行为之一的，由监察机关或者主管机关对主要负责人、直接负责的主管人员和其他直接责任人员依法给予行政处分；给承包方造成损失的，依法承担赔偿责任；构成犯罪的，依法追究刑事责任：

（一）利用职权非法干涉土地承包，强制变更、解除承包合同的；

（二）非法干涉承包方依法享有的生产经营自主权的；

（三）强迫或者阻碍承包方进行土地承包经营权流转的；

（四）未按照规定办理土地承包经营权证的登记、颁发、变更、注销、撤销等相关手续的；

（五）不依法调查处理有关土地承包的投诉、举报的；

（六）无法定依据收取费用的；

（七）非法征收、征用、占用承包地的；

（八）截留、侵占、挪用土地承包经营权流转收益、惠农补贴以及征收土地的土地补偿费、安置补助费、青苗补偿费的；

（九）其他侵害承包方土地承包经营权益的行为。

8.《河北省农村土地承包条例》（2013年7月25日）

第45条 国家机关及其工作人员有下列行为之一的，由上级主管部门责令其限期改正；拒不改正的，由上级机关或者所在单位对直接负责的主管人员和其他直接责任人员予以行政处分；给当事人造成损失的，依法承担赔偿责任；构成犯罪的，依法追究刑事责任：

（一）干涉土地承包，擅自变更、解除土地承包合同或者干涉承包方依法享有的生产经营自主权的；

（二）强迫或者阻碍承包方进行土地承包经营权流转的；

（三）不依法审核、登记、发放土地承包经营权证或者林权证等证书的；

（四）不依法处理有关土地承包问题的投诉、举报的；

（五）其他侵害农民土地承包合法权益的行为。

第五章　附　　则

第六十六条 **本法实施前的农村土地承包继续有效**

本法实施前已经按照国家有关农村土地承包的规定承包，包括承包期限长于本法规定的，本法实施后继续有效，不得重新承包土地。未向承包方颁发土地承包经营权证或者林权证等证书的，应当补发证书。

● 司法解释及文件

《最高人民法院关于审理涉及农村土地承包纠纷案件适用法律问题的解释》（2020年12月29日）

第4条　农户成员为多人的，由其代表人进行诉讼。

农户代表人按照下列情形确定：

（一）土地承包经营权证等证书上记载的人；

（二）未依法登记取得土地承包经营权证等证书的，为在承包合同上签名的人；

（三）前两项规定的人死亡、丧失民事行为能力或者因其他原因无法进行诉讼的，为农户成员推选的人。

第7条　承包合同约定或者土地承包经营权证等证书记载的承包期限短于农村土地承包法规定的期限，承包方请求延长的，应予支持。

第六十七条 **机动地的预留**

本法实施前已经预留机动地的，机动地面积不得超过本集体经济组织耕地总面积的百分之五。不足百分之五的，不得再增加机动地。

本法实施前未留机动地的，本法实施后不得再留机动地。

● **地方性法规及文件**

《辽宁省实施〈中华人民共和国农村土地承包法〉办法》（2020年11月25日）

第3条 《土地承包法》实施前已经预留的机动地，超过本集体经济组织耕地总面积5%的，应当将超过部分的土地分包给按照规定统一组织承包时具有土地承包经营权的农户；已经流转的应当收回，短期内难以收回的，发包方应当将其超过部分的流转收益分配给按照规定统一组织承包时具有土地承包经营权的农户，待土地收回后再分包给上述农户。

第4条 下列土地应当用于承包给新增人口或者用于《土地承包法》第二十八条规定个别调整承包地的特殊情形：

（一）集体经济组织依法预留的机动地；

（二）通过依法开垦等方式增加的；

（三）承包方依法、自愿交回的；

（四）发包方依法收回的。

前款所列土地在未用于承包给新增人口或者个别调整承包地之前，应当通过招标、公开协商等方式承包，承包期不得超过3年。

第24条 违反本办法规定，发包方主要负责人有下列行为之一的，由乡（镇）人民政府或者县级以上农业农村、林业草原等行政主管部门责令其限期改正；侵害承包方土地承包经营权的，应当依法承担民事责任：

（一）非法收回、调整承包地的；

（二）非法预留机动地或者超过法定比例预留的机动地未按照本办法规定调整的；

（三）干涉承包方依法享有的生产经营自主权的；

（四）以其他方式承包的土地，未通过招标、拍卖、公开协商等方式承包，或者不公示承包方案的；

（五）强迫或者阻碍承包方进行土地承包经营权流转的；

（六）擅自截留、扣缴土地承包经营权流转收益的；

（七）未按期报送农村土地承包合同办理农村土地承包经营权证或者林权证的；

（八）扣留或者擅自更改农村土地承包合同、土地承包经营权证或者林权证的；

（九）其他侵害承包方土地承包经营权的行为。

第六十八条　实施办法的制定

各省、自治区、直辖市人民代表大会常务委员会可以根据本法，结合本行政区域的实际情况，制定实施办法。

● 法　律

《立法法》（2023年3月13日）

第72条　省、自治区、直辖市的人民代表大会及其常务委员会根据本行政区域的具体情况和实际需要，在不同宪法、法律、行政法规相抵触的前提下，可以制定地方性法规。

设区的市的人民代表大会及其常务委员会根据本市的具体情况和实际需要，在不同宪法、法律、行政法规和本省、自治区的地方性法规相抵触的前提下，可以对城乡建设与管理、环境保护、历史文化保护等方面的事项制定地方性法规，法律对设区的市制定地方性法规的事项另有规定的，从其规定。设区的市的地方性法规须报省、自治区的人民代表大会常务委员会批准后施行。省、自治区的人民代表大会常务委员会对报请批准的地方性法规，应当对其合法性进行审查，同宪法、法律、行政法规和本省、自治区的地方性法规不抵触的，应当在四个月内予以批准。

省、自治区的人民代表大会常务委员会在对报请批准的设区的市的地方性法规进行审查时，发现其同本省、自治区的人民政府的规章相抵触的，应当作出处理决定。

除省、自治区的人民政府所在地的市，经济特区所在地的市和国务院已经批准的较大的市以外，其他设区的市开始制定地方性法规的具体步骤和时间，由省、自治区的人民代表大会常务委员会综合考虑本省、自治区所辖的设区的市的人口数量、地域面积、经济社会发展情况以及立法需求、立法能力等因素确定，并报全国人民代表大会常务委员会和国务院备案。

自治州的人民代表大会及其常务委员会可以依照本条第二款规定行使设区的市制定地方性法规的职权。自治州开始制定地方性法规的具体步骤和时间，依照前款规定确定。

省、自治区的人民政府所在地的市，经济特区所在地的市和国务院已经批准的较大的市已经制定的地方性法规，涉及本条第二款规定事项范围以外的，继续有效。

第73条　地方性法规可以就下列事项作出规定：

（一）为执行法律、行政法规的规定，需要根据本行政区域的实际情况作具体规定的事项；

（二）属于地方性事务需要制定地方性法规的事项。

除本法第八条规定的事项外，其他事项国家尚未制定法律或者行政法规的，省、自治区、直辖市和设区的市、自治州根据本地方的具体情况和实际需要，可以先制定地方性法规。在国家制定的法律或者行政法规生效后，地方性法规同法律或者行政法规相抵触的规定无效，制定机关应当及时予以修改或者废止。

设区的市、自治州根据本条第一款、第二款制定地方性法规，限于本法第七十二条第二款规定的事项。

制定地方性法规，对上位法已经明确规定的内容，一般不作重复性规定。

第六十九条　农村集体经济组织成员身份的确认

确认农村集体经济组织成员身份的原则、程序等，由法律、法规规定。

● 法　律

《农村集体经济组织法》（2024年6月28日）

第11条　户籍在或者曾经在农村集体经济组织并与农村集体经济组织形成稳定的权利义务关系，以农村集体经济组织成员集体所有的土地等财产为基本生活保障的居民，为农村集体经济组织成员。

第12条　农村集体经济组织通过成员大会，依据前条规定确认农村集体经济组织成员。

对因成员生育而增加的人员，农村集体经济组织应当确认为农村集体经济组织成员。对因成员结婚、收养或者因政策性移民而增加的人员，农村集体经济组织一般应当确认为农村集体经济组织成员。

确认农村集体经济组织成员，不得违反本法和其他法律法规的规定。

农村集体经济组织应当制作或者变更成员名册。成员名册应当报乡镇人民政府、街道办事处和县级人民政府农业农村主管部门备案。

省、自治区、直辖市人民代表大会及其常务委员会可以根据本法，结合本行政区域实际情况，对农村集体经济组织的成员确认作出具体规定。

第13条　农村集体经济组织成员享有下列权利：

（一）依照法律法规和农村集体经济组织章程选举和被选举为成员代表、理事会成员、监事会成员或者监事；

（二）依照法律法规和农村集体经济组织章程参加成员大会、

成员代表大会，参与表决决定农村集体经济组织重大事项和重要事务；

（三）查阅、复制农村集体经济组织财务会计报告、会议记录等资料，了解有关情况；

（四）监督农村集体经济组织的生产经营管理活动和集体收益的分配、使用，并提出意见和建议；

（五）依法承包农村集体经济组织发包的农村土地；

（六）依法申请取得宅基地使用权；

（七）参与分配集体收益；

（八）集体土地被征收征用时参与分配土地补偿费等；

（九）享受农村集体经济组织提供的服务和福利；

（十）法律法规和农村集体经济组织章程规定的其他权利。

第14条 农村集体经济组织成员履行下列义务：

（一）遵守法律法规和农村集体经济组织章程；

（二）执行农村集体经济组织依照法律法规和农村集体经济组织章程作出的决定；

（三）维护农村集体经济组织合法权益；

（四）合理利用和保护集体土地等资源；

（五）参与、支持农村集体经济组织的生产经营管理活动和公益活动；

（六）法律法规和农村集体经济组织章程规定的其他义务。

第15条 非农村集体经济组织成员长期在农村集体经济组织工作，对集体做出贡献的，经农村集体经济组织成员大会全体成员四分之三以上同意，可以享有本法第十三条第七项、第九项、第十项规定的权利。

第16条 农村集体经济组织成员提出书面申请并经农村集体经济组织同意的，可以自愿退出农村集体经济组织。

农村集体经济组织成员自愿退出的，可以与农村集体经济组织协商获得适当补偿或者在一定期限内保留其已经享有的财产权益,但是不得要求分割集体财产。

第17条 有下列情形之一的,丧失农村集体经济组织成员身份:

(一)死亡;
(二)丧失中华人民共和国国籍;
(三)已经取得其他农村集体经济组织成员身份;
(四)已经成为公务员,但是聘任制公务员除外;
(五)法律法规和农村集体经济组织章程规定的其他情形。

因前款第三项、第四项情形而丧失农村集体经济组织成员身份的,依照法律法规、国家有关规定和农村集体经济组织章程,经与农村集体经济组织协商,可以在一定期限内保留其已经享有的相关权益。

第18条 农村集体经济组织成员不因就学、服役、务工、经商、离婚、丧偶、服刑等原因而丧失农村集体经济组织成员身份。

农村集体经济组织成员结婚,未取得其他农村集体经济组织成员身份的,原农村集体经济组织不得取消其成员身份。

第七十条　施行时间

本法自2003年3月1日起施行。

附录一

农村土地承包仲裁委员会示范章程

本示范章程中的楷体文字部分为解释性规定,其他字体部分为示范性规定。各农村土地承包仲裁委员会根据自身实际情况,参照示范章程制定本委员会章程。

_____农村土地承包仲裁委员会章程

第一条 根据《农村土地承包经营纠纷调解仲裁法》,制定本章程。

第二条 _____市/县/区农村土地承包仲裁委员会(以下简称本仲裁委员会)在_____市/县/区人民政府指导下依法组织设立,并报_____省(自治区、直辖市)人民政府农业、林业行政主管部门备案。

第三条 本仲裁委员会的职责:

(一)聘任、解聘仲裁员;

(二)培训、管理仲裁员;

(三)受理仲裁申请;

(四)指导、监督仲裁活动;

(五)法律法规规定的其他职责。

第四条 本仲裁委员会的日常工作由_____市/县/区_____【注:农村土地承包管理部门】承担,主要包括以下内容:

(一)登记、审查仲裁申请;

(二)监督管理仲裁程序;

(三)编制仲裁员名册;

(四)组织仲裁员培训;

(五)管理仲裁文书和仲裁档案;

(六)管理仲裁工作经费;

(七)仲裁委员会交办的其他事项。

本仲裁委员会办公地点设在_____。

第五条 本仲裁委员会由_____市/县/区人民政府及_____【注：有关部门】代表、_____【注：有关人民团体】代表、农村集体经济组织代表、农民代表和_____【注：法律、经济等相关专业】人员兼任组成，成员人数为_____人【注：总数为单数，其中农民代表和法律、经济等相关专业人员不少于二分之一】。

本仲裁委员会设主任一人、副主任_____【注：一至二】人，委员_____人。

第六条 本仲裁委员会组成人员的任期为_____【注：三至五】年。

仲裁委员会换届，应当在任期届满前一个月内完成；有特殊情况不能如期换届的，应当在任期届满后两个月内完成。

第七条 本仲裁委员会组成人员任期内因故更换的，由仲裁委员会组织重新确定人选。主任、副主任更换的，由本仲裁委员会全体会议选举决定。

第八条 本仲裁委员会每年召开_____【注：不少于一】次全体会议。根据主任、副主任或者三分之二以上组成人员提议，可以召开临时全体会议。全体会议由主任或者主任委托的副主任主持。

全体会议须有三分之二以上的成员出席方能举行，会议决议须经出席会议成员三分之二以上通过。

修改章程须经全体成员的三分之二以上通过。

第十条 全体会议主要负责议决以下事项：

（一）制定和修改仲裁委员会的章程、议事规则和规章制度；

（二）选举仲裁委员会主任、副主任；

（三）决定仲裁员的聘任、解聘和除名；

（四）仲裁委员会主任担任仲裁员的，决定主任的回避；

（五）审议仲裁委员会工作计划和年度工作报告；

（六）研究农村土地承包经营纠纷仲裁的重大事项；

（七）其他重要事项。

第十一条 本仲裁委员会从公道正派，并符合下列条件之一的人员中选聘仲裁员，颁发聘书：

（一）从事农村土地承包管理工作满五年；

（二）从事法律工作或者人民调解工作满五年；

（三）在当地威信较高，熟悉农村土地承包法律以及国家政策的居民。

第十二条 本仲裁委员会定期组织仲裁员进行农村土地承包法律以及国家政策的培训。

第十二条 仲裁员聘期_____【注：一般为三】年，期满可以继续聘任。

第十三条 本仲裁委员会建立仲裁员考核制度，考核结果作为续聘或者解聘仲裁员的依据。

第十四条 本仲裁委员会的组成人员、仲裁员应当依法履行职责，遵纪守法，不得索贿受贿、徇私舞弊、枉法裁决，不得侵害当事人的合法权益。

第十五条 本仲裁委员会有权要求被选定或者被指定组成仲裁庭的仲裁员主动报告是否有回避情形。

第十六条 本仲裁委员会组成人员、仲裁员、记录人员、翻译人员等有保密义务，不得擅自对外界透露案件实体和仲裁程序进行的情况。

第十七条 仲裁员辞聘，应当提前三个月向本仲裁委员会提交辞呈。组成仲裁庭的仲裁员，在仲裁程序结束前不得辞聘。

第十八条 本仲裁委员会对有下列情形之一的仲裁员，予以解聘：

（一）故意隐瞒应当回避事实的；

（二）无正当理由故意不到庭审理案件的；

（三）连续两年考核不合格的；

（四）其他不宜继续担任仲裁员的。

第十九条 本仲裁委员会对有索贿受贿、徇私舞弊、枉法裁决以及接受当事人请客送礼等违法违纪行为的仲裁员，予以除名，且不再聘为仲裁员。

第二十条 本仲裁委员会不向当事人收取仲裁费用，工作经费依法纳入财政预算。

第二十一条 本章程经本仲裁委员会_____年_____月_____日全体会议讨论通过，自_____年_____月_____日起生效。

农村土地经营权出租合同（示范文本）[①]

GF-2021-2606　　合同编号：☐☐☐☐☐☐☐☐☐☐☐☐

农村土地经营权出租合同
（示范文本）

农　业　农　村　部
国家市场监督管理总局　　制定
二〇二一年九月

[①] 参见《农业农村部、国家市场监督管理总局关于印发〈农村土地经营权出租合同（示范文本）〉和〈农村土地经营权入股合同（示范文本）〉的通知》附件1，载农业农村部网站，http://www.moa.gov.cn/govpublic/zcggs/202109/t20210928_6378541.htm，2024年12月3日访问。

使用说明

一、本合同为示范文本，由农业农村部与国家市场监督管理总局联合制定，供农村土地（耕地）经营权出租（含转包）的当事人签订合同时参照使用。

二、合同签订前，双方当事人应当仔细阅读本合同内容，特别是其中具有选择性、补充性、填充性、修改性的内容；对合同中的专业用词理解不一致的，可向当地农业农村部门或农村经营管理部门咨询。

三、合同签订前，工商企业等社会资本通过出租取得土地经营权的，应当依法履行资格审查、项目审核和风险防范等相关程序。

四、本合同文本中相关条款后留有空白行，供双方自行约定或者补充约定。双方当事人依法可以对文本条款的内容进行修改、增补或者删减。合同签订生效后，未被修改的文本印刷文字视为双方同意内容。

五、双方当事人应当结合具体情况选择本合同协议条款中所提供的选择项，同意的在选择项前的□打√，不同意的打×。

六、本合同文本中涉及到的选择、填写内容以手写为优先。

七、当事人订立合同的，应当在合同书上签字、盖章或者按指印。

八、本合同文本"当事人"部分，自然人填写身份证号码，农村集体经济组织填写农业农村部门赋予的统一社会信用代码，其他市场主体填写市场监督管理部门赋予的统一社会信用代码。

九、本合同编号由县级以上农业农村部门或农村经营管理部门指导乡（镇）人民政府农村土地承包管理部门按统一规则填写。

根据《中华人民共和国民法典》《中华人民共和国农村土地承包法》和《农村土地经营权流转管理办法》等相关法律法规，本着平等、自愿、公平、诚信、有偿的原则，经甲乙双方协商一致，就土地经营权出租事宜，签订本合同。

一、当事人

甲方（出租方）：_____

☐社会信用代码：_____

☐身份证号码：_____

法定代表人（负责人/农户代表人）：_____

身份证号码：_____

联系地址：_____ 联系电话：_____

经营主体类型：☐自然人 ☐农村承包经营户 ☐农民专业合作社 ☐家庭农场 ☐农村集体经济组织 ☐公司 ☐其他：_____

乙方（承租方）：_____

☐社会信用代码：_____

☐身份证号码：_____

法定代表人（负责人/农户代表人）：_____

身份证号码：_____

联系地址：_____ 联系电话：_____

经营主体类型：☐自然人 ☐农村承包经营户 ☐农民专业合作社 ☐家庭农场 ☐公司 ☐其他：_____

二、租赁物

（一）经自愿协商，甲方将_____亩土地经营权（具体见下表及附图）出租给乙方。

序号	村（组）	地块名称	地块代码	坐落（四至）				面积（亩）	质量等级	土地类型	承包合同代码	备注
				东	南	西	北					
1												
2												

续表

3									

（二）出租土地上的附属建筑和资产情况现状描述：

_____

_____。

出租土地上的附属建筑和资产的处置方式描述（可另附件）：

_____

_____。

三、出租土地用途

出租土地用途为_____。

四、租赁期限

租赁期限自_____年___月___日起至_____年___月___日止。

五、出租土地交付时间

甲方应于_____年___月___日前完成土地交付。

六、租金及支付方式

（一）租金标准

双方当事人选择第_____种租金标准。

1. 现金。即每亩每年人民币_____元（大写：_____）。

2. 实物或实物折资计价。即每亩每年　　公斤（大写：_____）□小麦 □玉米 □稻谷 □其他：_____或者同等实物按照□市场价 □国家最低收购价 为标准折合成货币。

3. 其他：_____。

租金变动：根据当地土地流转价格水平，每_____年调整一次租金。具体调整方式：_____。

（二）租金支付

双方当事人选择第_____种方式支付租金。

1. 一次性支付。乙方须于_____年___月___日前支付租金_____元

（大写：_____）。

2. 分期支付。乙方须于每年____月____日前支付（□当 □后一）年租金_____元（大写：_____）。

3. 其他：_____。

（三）付款方式

双方当事人选择第_____种付款方式。

1. 现金

2. 银行汇款

甲方账户名称：_____

银行账号：_____

开户行：_____

3. 其他：_____。

七、甲方的权利和义务

（一）甲方的权利

1. 要求乙方按合同约定支付租金；

2. 监督乙方按合同约定的用途依法合理利用和保护出租土地；

3. 制止乙方损害出租土地和农业资源的行为；

4. 租赁期限届满后收回土地经营权；

5. 其他：_____。

（二）甲方的义务

1. 按照合同约定交付出租土地；

2. 合同生效后____日内依据《中华人民共和国农村土地承包法》第三十六条的规定向发包方备案；

3. 不得干涉和妨碍乙方依法进行的农业生产经营活动；

4. 其他：_____。

八、乙方的权利和义务

（一）乙方的权利

1. 要求甲方按照合同约定交付出租土地；

2. 在合同约定的期限内占有农村土地，自主开展农业生产经营并取得收益；

3. 经甲方同意，乙方依法投资改良土壤，建设农业生产附属、配套设

施,并有权按照合同约定对其投资部分获得合理补偿;

4. 租赁期限届满,有权在同等条件下优先承租;

5. 其他:＿＿＿＿＿＿＿＿＿＿＿＿＿＿＿＿＿＿＿＿＿＿。

(二)乙方的义务

1. 按照合同约定及时接受出租土地并按照约定向甲方支付租金;

2. 在法律法规政策规定和合同约定允许范围内合理利用出租土地,确保农地农用,符合当地粮食生产等产业规划,不得弃耕抛荒,不得破坏农业综合生产能力和农业生态环境;

3. 依据有关法律法规保护出租土地,禁止改变出租土地的农业用途,禁止占用出租土地建窑、建坟或者擅自在出租土地上建房、挖砂、采石、采矿、取土等,禁止占用出租的永久基本农田发展林果业和挖塘养鱼;

4. 其他:＿＿＿＿＿＿＿＿＿＿＿＿＿＿＿＿＿＿＿＿＿＿。

九、其他约定

(一)甲方同意乙方依法

☐投资改良土壤　　☐建设农业生产附属、配套设施

☐以土地经营权融资担保　　☐再流转土地经营权

☐其他:＿＿＿＿＿＿＿＿＿＿＿＿＿＿＿＿＿＿＿＿＿＿。

(二)该出租土地的财政补贴等归属:＿＿＿＿＿＿＿＿＿＿＿＿。

(三)乙方向＿＿＿＿＿ ☐缴纳 ☐不缴纳　风险保障金＿＿＿＿元(大写:＿＿＿＿),合同到期后的处理:＿＿＿＿＿＿＿＿＿＿＿＿＿＿＿＿。

(四)本合同期限内,出租土地被依法征收、征用、占用时,有关地上附着物及青苗补偿费的归属:＿＿＿＿＿＿＿＿＿＿＿＿＿＿＿＿。

(五)其他事项:＿＿＿＿＿＿＿＿＿＿＿＿＿＿＿＿＿＿＿＿。

十、合同变更、解除和终止

(一)合同有效期间,因不可抗力因素致使合同全部不能履行时,本合同自动终止,甲方将合同终止日至租赁到期日的期限内已收取的租金退还给乙方;致使合同部分不能履行的,其他部分继续履行,租金可以作相应调整。

(二)如乙方在合同期满后需要继续经营该出租土地,必须在合同期满前＿＿＿＿日内书面向甲方提出申请。如乙方不再继续经营的,必须在合同期满前＿＿＿＿日内书面通知甲方,并在合同期满后＿＿＿＿日内将原出租的土地

交还给甲方。

（三）合同到期或者未到期由甲方依法提前收回出租土地时，乙方依法投资建设的农业生产附属、配套设施处置方式：

☐由甲方无偿处置。

☐经有资质的第三方评估后，由甲方支付价款购买。

☐经双方协商后，由甲方支付价款购买。

☐由乙方恢复原状。

☐其他：_____。

十一、违约责任

（一）任何一方违约给对方造成损失的，违约方应承担赔偿责任。

（二）甲方应按合同规定按时向乙方交付土地，逾期一日应向乙方支付年租金的万分之_____（大写：_____）作为违约金。逾期超过____日，乙方有权解除合同，甲方应当赔偿损失。

（三）甲方出租的土地存在权属纠纷或经济纠纷，致使合同全部或部分不能履行的，甲方应当赔偿损失。

（四）甲方违反合同约定擅自干涉和破坏乙方的生产经营，致使乙方无法进行正常的生产经营活动的，乙方有权解除合同，甲方应当赔偿损失。

（五）乙方应按照合同规定按时足额向甲方支付租金，逾期一日乙方应向甲方支付年租金的万分之_____（大写：_____）作为违约金。逾期超过_____日，甲方有权解除合同，乙方应当赔偿损失。

（六）乙方擅自改变出租土地的农业用途、弃耕抛荒连续两年以上、给出租土地造成严重损害或者严重破坏土地生态环境的，甲方有权解除合同、收回该土地经营权，并要求乙方赔偿损失。

（七）合同期限届满的，乙方应当按照合同约定将原出租土地交还给甲方，逾期一日应向甲方支付年租金的万分之_____（大写：_____）作为违约金。

十二、合同争议解决方式

本合同发生争议的，甲乙双方可以协商解决，也可以请求村民委员会、乡（镇）人民政府等调解解决。当事人不愿协商、调解或者协商、调解不成的，可以依据《中华人民共和国农村土地承包法》第五十五条的规定向农村土地承包仲裁委员会申请仲裁，也可以直接向人民法院起诉。

十三、附则

（一）本合同未尽事宜，经甲方、乙方协商一致后可签订补充协议。补充协议与本合同具有同等法律效力。

补充条款（可另附件）：_____。

（二）本合同自甲乙双方签字、盖章或者按指印之日起生效。本合同一式_____份，由甲方、乙方、农村集体经济组织、乡（镇）人民政府农村土地承包管理部门、_____，各执一份。

甲方：   乙方：

法定代表人   法定代表人
（负责人/农户代表人）   （负责人/农户代表人）
签字：   签字：

签订时间：____年____月____日   签订时间：____年____月____日
签订地点：_____   签订地点：_____

附件清单：

序号	附件名称	是否具备	页数	备注
1	甲方、乙方的证件复印件			
2	出租土地的权属证明			
3	出租土地四至范围附图			
4	其他（例如：附属建筑及设施清单、村民会议决议书及公示材料、代办授权委托书和证件复印件等）			
	共计　　份，　　页。			

农村土地经营权入股合同（示范文本）[①]

GF-2021-2607 合同编号：☐☐☐☐☐☐☐☐☐☐☐☐

农村土地经营权入股合同
（示范文本）

农 业 农 村 部
国家市场监督管理总局　制定
二〇二一年九月

[①] 参见《农业农村部、国家市场监督管理总局关于印发〈农村土地经营权出租合同（示范文本）〉和〈农村土地经营权入股合同（示范文本）〉的通知》附件2，载农业农村部网站，http://www.moa.gov.cn/gov-public/zcggs/202109/t20210928_6378541.htm，2024年12月3日访问。

使用说明

一、本合同为示范文本,由农业农村部与国家市场监督管理总局联合制定,供农村土地(耕地)经营权入股的当事人签订合同时参照使用。

二、合同签订前,双方当事人应当仔细阅读本合同内容,特别是其中具有选择性、补充性、填充性、修改性的内容;对合同中的专业用词理解不一致的,可向当地农业农村部门或农村经营管理部门咨询。

三、合同签订前,工商企业等社会资本通过入股取得土地经营权的,应当依法履行资格审查、项目审核和风险防范等相关程序。

四、本合同文本中相关条款后留有空白行,供双方自行约定或者补充约定。双方当事人依法可以对文本条款的内容进行修改、增补或者删减。合同签订生效后,未被修改的文本印刷文字视为双方同意内容。

五、双方当事人应当结合具体情况选择本合同协议条款中所提供的选择项,同意的在选择项前的□打√,不同意的打×。

六、本合同文本中涉及到的选择、填写内容以手写项为优先。

七、当事人订立合同的,应当在合同书上签字、盖章或者按指印。

八、本合同文本"当事人"部分,自然人填写身份证号码,农村集体经济组织填写农业农村部门赋予的统一社会信用代码,其他市场主体填写市场监督管理部门赋予的统一社会信用代码。

九、本合同编号由县级以上农业农村部门或农村经营管理部门指导乡(镇)人民政府农村土地承包管理部门按统一规则填写。

根据《中华人民共和国民法典》《中华人民共和国农村土地承包法》和《农村土地经营权流转管理办法》等相关法律法规，本着平等、自愿、公平、诚信、有偿的原则，经甲乙双方协商一致，就土地经营权出租事宜，签订本合同。

一、当事人

甲方（入股方）：＿＿＿＿＿＿＿＿＿＿＿

□社会信用代码：＿＿＿＿＿＿＿＿＿＿＿

□身份证号码：＿＿＿＿＿＿＿＿＿＿＿

法定代表人（负责人/农户代表人）：＿＿＿＿＿＿＿＿

身份证号码：＿＿＿＿＿＿＿＿＿＿＿＿＿

联系地址：＿＿＿＿＿＿＿＿＿＿＿联系电话：＿＿＿＿＿＿＿＿＿

经营主体类型：□自然人 □农村承包经营户 □农民专业合作社 □家庭农场 □农村集体经济组织 □公司 □其他：＿＿＿＿＿＿＿＿

乙方（受让方）：＿＿＿＿＿＿＿＿＿＿

社会信用代码：＿＿＿＿＿＿＿＿＿＿

法定代表人（负责人）：＿＿＿＿＿＿＿＿＿＿

身份证号码：＿＿＿＿＿＿＿＿＿＿

联系地址：＿＿＿＿＿＿＿＿＿＿＿联系电话：＿＿＿＿＿＿＿＿＿

经营主体类型：□农民专业合作社 □公司 □其他：＿＿＿＿＿＿＿＿＿

二、入股标的物

（一）经自愿协商，甲方将＿＿＿＿＿＿＿＿亩土地经营权（具体见下表及附图）入股乙方。

序号	村（组）	地块名称	地块代码	坐落（四至）				面积（亩）	质量等级	土地类型	承包合同代码	备注
				东	南	西	北					
1												
2												

续表

3									

(二)入股土地上的附属建筑和资产情况现状描述：

_____

_____。

入股土地上的附属建筑和资产的处置方式描述（可另附件）：

_____

_____。

三、入股土地用途

入股土地用途为_____。

四、入股期限

入股期限自_____年____月____日起至_____年____月____日止。

五、入股土地交付时间

甲方应于_____年____月____日前完成土地交付。

六、股份分红及支付方式

（一）股份分红标准

双方当事人约定入股土地所占的□出资额_____（大写：_____）□股份数_____（大写：_____）□其他：_____。

双方当事人选择第_____种股份分红标准。

1. 按股分红。即根据□出资额 □股份数 □其他：_____分配盈余或者利润。

2. 保底收益+按股分红。保底收益每亩每年_____元（大写：_____），每_____年调整一次保底收益。具体调整方式：_____。

按股分红根据□出资额 □股份数 □其他：_____分配盈余或者利润。

3. 其他：_____。

（二）股份分红支付

双方当事人选择第_____种方式支付股份分红。

1. 按股分红。乙方须于每年____月____日前分配（□前一 □当）年盈余或者利润。

2. 保底收益+按股分红。乙方须于每年____月____日前支付（□当 □后一）年保底收益_____元（大写：_____）。乙方须于每年____月____日前分配（□前一 □当）年盈余或者利润。

3. 其他：_____。

（三）付款方式

双方当事人选择第_____种付款方式。

1. 现金

2. 银行汇款

甲方账户名称：_____

银行账号：_____

开户行：_____

3. 其他：_____。

七、甲方的权利和义务

（一）甲方的权利

1. 要求乙方按合同约定支付股份分红；

2. 按照合同约定和乙方章程规定行使成员或者股东权利；

3. 监督乙方按合同约定的用途依法合理利用和保护入股土地；

4. 制止乙方损害入股土地和农业资源的行为；

5. 入股期限届满后收回土地经营权；

6. 其他：_____。

（二）甲方的义务

1. 按照合同约定交付入股土地；

2. 合同生效后_____日内依据《中华人民共和国农村土地承包法》第三十六条的规定向发包方备案；

3. 不得干涉和妨碍乙方依法进行的农业生产经营活动；

4. 其他：_____。

八、乙方的权利和义务

（一）乙方的权利

1. 要求甲方按照合同约定交付入股土地；

2. 在合同约定的期限内占有农村土地，自主开展农业生产经营并取得收益；

3. 经甲方同意，乙方依法投资改良土壤，建设农业生产附属、配套设施，并有权按照合同约定对其投资部分获得合理补偿；

4. 入股期限届满，有权在同等条件下优先续约；

5. 其他：_____。

（二）乙方的义务

1. 按照合同约定及时接受入股土地并按照约定向甲方支付股份分红；

2. 保障甲方按照合同约定和章程规定行使成员或者股东权利；

3. 在法律法规政策规定和合同约定允许范围内合理利用入股土地，确保农地农用，符合当地粮食生产等产业规划，不得弃耕抛荒，不得破坏农业综合生产能力和农业生态环境；

4. 依据有关法律法规保护入股土地，禁止改变入股土地的农业用途，禁止占用入股土地建窑、建坟或者擅自在入股土地上建房、挖砂、采石、采矿、取土等，禁止占用入股的永久基本农田发展林果业和挖塘养鱼；

5. 其他：_____。

九、其他约定

（一）甲方同意乙方依法

☐ 投资改良土壤　　☐ 建设农业生产附属、配套设施

☐ 以土地经营权融资担保　　☐ 再流转土地经营权

☐ 其他：_____。

（二）该入股土地的财政补贴等归属：_____。

（三）乙方向_____ ☐ 缴纳 ☐ 不缴纳　　风险保障金_____元（大写_____），合同到期后的处理：_____。

（四）本合同期限内，入股土地被依法征收、征用、占用时，有关地上附着物及青苗补偿费的归属：_____。

（五）其他事项：_____。

十、合同变更、解除和终止

（一）合同有效期间，因不可抗力因素致使合同全部不能履行时，本合同自动终止，甲方将合同终止日至入股到期日的期限内已收取的股份分红退还给乙方；致使合同部分不能履行的，其他部分继续履行，股份分红可以

作相应调整。

（二）如乙方在合同期满后需要继续经营该入股土地，必须在合同期满前_____日内书面向甲方提出申请。如乙方不再继续经营的，必须在合同期满前_____日内书面通知甲方，并在合同期满后_____日内将原入股的土地交还给甲方。

（三）合同到期或者未到期由甲方依法提前收回入股土地时，乙方依法投资建设的农业生产附属、配套设施处置方式：

☐由甲方无偿处置。
☐经有资质的第三方评估后，由甲方支付价款购买。
☐经双方协商后，由甲方支付价款购买。
☐由乙方恢复原状。
☐其他：_____。

十一、违约责任

（一）任何一方违约给对方造成损失的，违约方应承担赔偿责任。

（二）甲方应按合同规定按时向乙方交付土地，逾期一日应向乙方支付_____元（大写：_____）违约金。逾期超过____日，乙方有权解除合同，甲方应当赔偿损失。

（三）甲方入股的土地存在权属纠纷或经济纠纷，致使合同全部或部分不能履行的，甲方应当赔偿损失。

（四）甲方违反合同约定擅自干涉和破坏乙方的生产经营，致使乙方无法进行正常的生产经营活动的，乙方有权解除合同，甲方应当赔偿损失。

（五）乙方应按照合同规定按时足额向甲方支付股份分红，逾期一日应向甲方支付_____元（大写：_____）违约金。逾期超过_____日，甲方有权解除合同，乙方应当赔偿损失。

（六）乙方擅自改变入股土地的农业用途、弃耕抛荒连续两年以上、给入股土地造成严重损害或者严重破坏土地生态环境的，甲方有权解除合同、收回该土地经营权，并要求乙方赔偿损失。

（七）合同期限届满的，乙方应当按照合同约定将原入股土地交还给甲方，逾期一日应向甲方支付_____元（大写：_____）违约金。

十二、合同争议解决方式

本合同发生争议的，甲乙双方可以协商解决，也可以请求村民委员会、乡（镇）人民政府等调解解决。当事人不愿协商、调解或者协商、调解不成的，可以依据《中华人民共和国农村土地承包法》第五十五条的规定向农村土地承包仲裁委员会申请仲裁，也可以直接向人民法院起诉。

十三、附则

（一）本合同未尽事宜，经甲方、乙方协商一致后可签订补充协议。补充协议与本合同具有同等法律效力。

补充条款（可另附件）：_____。

（二）本合同自甲乙双方签字、盖章或者按指印之日起生效。本合同一式_____份，由甲方、乙方、农村集体经济组织、乡（镇）人民政府农村土地承包管理部门、_____，各执一份。

甲方： 乙方：

法定代表人　　　　　　　法定代表人
（负责人/农户代表人）　　（负责人/农户代表人）
签字：　　　　　　　　　签字：

签订时间：___年___月___日　签订时间：___年___月___日
签订地点：_____　签订地点：_____

附件清单：

序号	附件名称	是否具备	页数	备注
1	甲方、乙方的证件复印件			
2	入股土地的权属证明			
3	入股土地四至范围附图			
4	其他（例如：附属建筑及设施清单、村民会议决议书及公示材料、代办授权委托书和证件复印件等）			
共计　　份，　　页。				

农村土地（耕地）承包合同
（家庭承包方式）示范文本[①]

合同编号：_____

农村土地（耕地）承包合同（家庭承包方式）示范文本

中华人民共和国农业农村部　制定
二〇二二年二月

[①] 参见《农业农村部办公厅关于印发农村土地（耕地）承包合同（家庭承包方式）示范文本的通知》附件，载农业农村部网站，http://www.zcggs.moa.gov.cn/tzgg/202205/t20220518_6399592.htm，2024年12月3日访问。

发包方：_____县（市、区）_____乡（镇）_____村_____
社会信用代码：_____
发包方负责人：_____ 身份证号：_____
联系电话：_____

承包方代表：_____ 身份证号：_____
联系电话：_____
承包方地址：_____县（市、区）_____乡（镇）_____村_____组

为巩固和完善以家庭承包经营为基础、统分结合的双层经营体制，保持农村土地承包关系稳定并长久不变，维护承包双方当事人的合法权益，根据《中华人民共和国民法典》《中华人民共和国农村土地承包法》等法律法规和本集体依法通过的承包方案，订立本合同。

一、承包土地情况

地块名称	地块代码	坐落				面积（亩）	质量等级	备注
		东至	西至	南至	北至			
总计	—	—	—	—	—		—	

备注：承包地地块示意图见附件

二、承包方家庭成员信息

姓名	与承包方代表关系	身份证号	备注

附录一

续表

三、承包期限：_____年，自_____年___月___日至_____年___月_____日。

四、承包土地的用途：农业生产

五、发包方的权利与义务

(一) 发包方享有下列权利

1. 发包本集体所有的或者国家所有依法由本集体使用的农村土地；
2. 监督承包方依照承包合同约定的用途合理利用和保护土地；
3. 制止承包方损害承包地和农业资源的行为；
4. 法律、行政法规规定的其他权利。

(二) 发包方承担下列义务

1. 维护承包方的土地承包经营权，不得非法变更、解除承包合同；
2. 尊重承包方的生产经营自主权，不得干涉承包方依法进行正常的生产经营活动；
3. 依照承包合同约定为承包方提供生产、技术、信息等服务；
4. 执行县、乡（镇）土地利用总体规划，组织本集体经济组织内的农业基础设施建设；
5. 法律、行政法规规定的其他义务。

六、承包方的权利与义务

(一) 承包方享有下列权利

1. 依法享有承包地使用、收益的权利，有权自主组织生产经营和处置产品；
2. 依法互换、转让土地承包经营权；
3. 依法流转土地经营权；
4. 承包地被依法征收、征用、占用的，有权依法获得相应的补偿；

5. 法律、行政法规规定的其他权利。

（二）承包方承担下列义务
1. 维持土地的农业用途，未经依法批准不得用于非农建设；
2. 依法保护和合理利用土地，不得给土地造成永久性损害；
3. 执行国家有关粮食和重要农产品种植的规定；
4. 法律、行政法规规定的其他义务。

七、违约责任

1. 当事人一方不履行合同义务或者履行义务不符合约定的，依照《中华人民共和国民法典》《中华人民共和国农村土地承包法》的规定承担违约责任。

2. 承包方给承包地造成永久性损害的，发包方有权制止，并有权要求承包方赔偿由此造成的损失。

3. 如遇自然灾害等不可抗力因素，使本合同无法履行或者不能完全履行时，不构成违约。

4. 法律、行政法规规定的其他违约责任。

八、其他事项

1. 承包合同生效后，发包方不得因承办人或者负责人的变动而变更或者解除，也不得因农村集体经济组织的分立或者合并而变更或者解除。

2. 承包期内，承包方交回承包地或者发包方依法收回时，承包方有权获得为提高土地生产能力而在承包地上投入的补偿。

3. 承包期内，承包方或承包地发生变化的，发包方应当与承包方重新订立、变更或者终止承包合同。

4. 因土地承包经营发生纠纷的，双方当事人可以依法通过协商、调解、仲裁、诉讼等途径解决。

5. 其他：_____
_____。

九、本合同自双方当事人均签名、盖章或者按指印时成立。本合同自成立之日起生效。承包方自本合同生效时取得土地承包经营权。

十、本合同一式_____份，发包方、承包方各执一份，乡镇人民政府、县级人民政府农业农村主管（或者农村经营管理）部门、_____，各备案一份。

发包方（章）：_____

负责人（签章）：_____承包方代表（签章）：_____

签订日期：_____年____月____日

签订地点：_____

附件：承包地地块示意图

农村土地（耕地）承包合同（家庭承包方式）示范文本使用和填写说明

一、合同制定。本合同文本为示范文本，由中华人民共和国农业农村部制定。

二、合同内容。县级以上地方人民政府农业农村主管部门可以依照有关法律、法规和规章规定，根据本行政区域承包合同管理的需要，增补相应的合同内容。

三、合同编号。根据《农村土地承包经营权要素编码规则》（GB/T 35958-2018）规定填写承包合同代码。

四、发包方。发包方应当填写农村集体经济组织的具体名称。农村集体土地所有权分别属于村内两个以上农民集体所有，发包方应填写村内各该农村集体经济组织或者村民小组的名称。社会信用代码按照农村集体经济组织登记证书的信息填写。

五、发包方负责人。填写发包方当前负责人的姓名，身份证号码应填写发包方负责人的身份证号码。

六、承包方代表。填写承包方农户代表人姓名，身份证号码应填写承包方农户代表人的身份证号码。

七、承包方地址。填写承包方代表的户籍地址。

八、地块名称。填写地块小地名或者村民约定俗成的地名。

九、地块代码。根据《农村土地承包经营权要素编码规则》（GB/T 35958-2018）规定填写承包地块代码。确权确股不确地的，应当填写确权确股对应的大地块代码；难以落实大地块的，可按地方"确权确股"的相关规定处理。

十、坐落（四至）。填写承包地块的四邻关系，应以土地承包经营权公示结果归户表中的"地块四至"一致。

十一、面积。每个地块对应一个实测并公示确认的面积。确权确股不确地的地块，应记载该农户按其股份计算占有的面积。

农村土地承包合同的面积采用亩，原则上小数点后保留两位有效数字。

十二、质量等级。按照《耕地质量等级》（GB/T 33469-2016）、《耕地地力调查与质量评价技术规程》（NY/T 1634-2008）或者土地发包时的实际情况填写耕地的地力等级。有条件的地方，应优先根据县（市、区）农业农村主管部门收集的耕地地力等级划分成果资料，确定承包地块的地力等级。

十三、承包土地情况的备注。可以填写以下内容：一是以转让、互换方式取得土地承包经营权的，可在该地块的"备注"栏中填写"转让、互换取得"等信息；二是属于确权确股不确地的，可在该地块的"备注"中注明"确权确股"；三是其他需要备注的事项。

十四、承包方家庭成员信息。填写承包方家庭成员的姓名、与承包方代表的关系。应当将具有土地承包经营权的全部家庭成员列入，要体现男女平等的原则，切实保护妇女等特殊群体的土地承包权益。家庭成员因出生、收养、结婚或者离婚、死亡等发生变化的，可在承包方家庭成员情况"备注"栏说明。

十五、承包期限。从当地统一组织土地承包的时间点起，承包期为30年。实行特殊政策的地区，可以根据政策规定，按相应期限填写日期。

十六、其他事项。承包双方可以就合同未尽事宜作出约定，但不得违背法律规定。

十七、承包地地块示意图。指反映承包农户土地承包经营权界址及四至范围的图形。附图可以打印，也可以粘贴。

附录二

本书所涉文件目录

宪法

2018年3月11日　　中华人民共和国宪法

法律

2009年6月27日　　中华人民共和国农村土地承包经营纠纷调解仲裁法

2010年10月25日　　中华人民共和国水土保持法

2012年10月26日　　中华人民共和国国家赔偿法

2012年12月28日　　中华人民共和国农业法

2015年4月24日　　中华人民共和国拍卖法

2017年9月1日　　中华人民共和国仲裁法

2017年12月27日　　中华人民共和国招标投标法

2018年12月29日　　中华人民共和国农村土地承包法

2018年12月29日　　中华人民共和国村民委员会组织法

2019年8月26日　　中华人民共和国土地管理法

2019年12月28日　　中华人民共和国森林法

2020年5月28日　　中华人民共和国民法典

2021年4月29日　　中华人民共和国草原法

2022年10月30日　　中华人民共和国妇女权益保障法

2023年12月29日　　中华人民共和国刑法

2023年3月13日　　中华人民共和国立法法

2024年6月28日　　中华人民共和国农村集体经济组织法

行政法规及文件

2016年5月17日　　中华人民共和国农田水利条例

2019年3月2日	中华人民共和国招标投标法实施条例
2024年3月10日	不动产登记暂行条例
2024年7月28日	国务院关于印发《深入实施以人为本的新型城镇化战略五年行动计划》的通知

部门规章及文件

2009年12月29日	农村土地承包经营纠纷仲裁规则
2009年12月29日	农村土地承包仲裁委员会示范章程
2013年1月15日	农村土地承包经营纠纷调解仲裁工作规范
2016年6月29日	农村土地经营权流转交易市场运行规范（试行）
2020年5月18日	农村土地承包数据管理办法（试行）
2021年1月26日	农村土地经营权流转管理办法
2023年2月17日	农村土地承包合同管理办法
2024年5月21日	不动产登记暂行条例实施细则

司法解释及文件

2009年7月24日	最高人民法院关于建立健全诉讼与非诉讼相衔接的矛盾纠纷解决机制的若干意见
2011年8月7日	最高人民法院关于审理涉及农村集体土地行政案件若干问题的规定
2020年12月29日	最高人民法院关于适用《中华人民共和国民法典》继承编的解释（一）
2020年12月29日	最高人民法院关于审理涉及农村土地承包纠纷案件适用法律问题的解释
2020年12月29日	最高人民法院关于国有土地开荒后用于农耕的土地使用权转让合同纠纷案件如何适用法律问题的批复

2020年12月29日	最高人民法院关于审理涉及农村土地承包经营纠纷调解仲裁案件适用法律若干问题的解释
2022年4月1日	最高人民法院关于适用《中华人民共和国民事诉讼法》的解释

地方性法规及文件

2009年12月30日	浙江省实施《中华人民共和国农村土地承包法》办法
2012年7月27日	湖北省农村土地承包经营条例
2013年7月25日	河北省农村土地承包条例
2014年9月10日	哈尔滨市妇女权益保障条例
2016年5月25日	广东省农村集体资产管理条例
2016年8月1日	福建省华侨权益保护条例
2018年12月14日	乌鲁木齐市湿地保护条例
2019年5月30日	天津市不动产登记条例
2020年9月24日	浙江省军人军属权益保障条例
2020年11月25日	辽宁省实施《中华人民共和国农村土地承包法》办法
2021年3月31日	湖南省实施《中华人民共和国农村土地承包法》办法
2022年7月26日	江西省军人军属权益保障条例
2024年1月12日	陕西省实施《中华人民共和国农村土地承包法》办法

图书在版编目（CIP）数据

农村土地承包法一本通 / 法规应用研究中心编.
2版. -- 北京：中国法治出版社，2025.1. -- （法律一本通）. -- ISBN 978-7-5216-4913-0

Ⅰ. D922.32

中国国家版本馆CIP数据核字第20244PH971号

责任编辑：贺鹏娟　　　　　　　　　　　　封面设计：杨泽江

农村土地承包法一本通
NONGCUN TUDI CHENGBAOFA YIBENTONG

编者/法规应用研究中心
经销/新华书店
印刷/保定市中画美凯印刷有限公司
开本/880毫米×1230毫米　32开　　　　印张/ 8　字数/ 190千
版次/2025年1月第2版　　　　　　　　　2025年1月第1次印刷

中国法治出版社出版
书号 ISBN 978-7-5216-4913-0　　　　　　定价：32.00元

北京市西城区西便门西里甲16号西便门办公区
邮政编码：100053　　　　　　　　　　传真：010-63141600
网址：http://www.zgfzs.com　　　　　编辑部电话：010-63141791
市场营销部电话：010-63141612　　　　印务部电话：010-63141606

（如有印装质量问题，请与本社印务部联系。）

法律一本通丛书·第十版

1. 民法典一本通
2. 刑法一本通
3. 行政许可法、行政处罚法、行政强制法一本通
4. 土地管理法一本通
5. 农村土地承包法一本通
6. 道路交通安全法一本通
7. 劳动法一本通
8. 劳动合同法一本通
9. 公司法一本通
10. 安全生产法一本通
11. 税法一本通
12. 产品质量法、食品安全法、消费者权益保护法一本通
13. 公务员法一本通
14. 商标法、专利法、著作权法一本通
15. 民事诉讼法一本通
16. 刑事诉讼法一本通
17. 行政复议法、行政诉讼法一本通
18. 社会保险法一本通
19. 行政处罚法一本通
20. 环境保护法一本通
21. 网络安全法、数据安全法、个人信息保护法一本通
22. 监察法、监察官法、监察法实施条例一本通
23. 法律援助法一本通
24. 家庭教育促进法、未成年人保护法、预防未成年人犯罪法一本通
25. 工会法一本通
26. 反电信网络诈骗法一本通
27. 劳动争议调解仲裁法一本通
28. 劳动法、劳动合同法、劳动争议调解仲裁法一本通
29. 保险法一本通
30. 妇女权益保障法一本通
31. 治安管理处罚法一本通
32. 农产品质量安全法一本通
33. 企业破产法一本通
34. 反间谍法一本通
35. 民法典：总则编一本通
36. 民法典：物权编一本通
37. 民法典：合同编一本通
38. 民法典：人格权编一本通
39. 民法典：婚姻家庭编一本通
40. 民法典：继承编一本通
41. 民法典：侵权责任编一本通
42. 文物保护法一本通
43. 反洗钱法一本通
44. 学前教育法、未成年人保护法、教育法一本通
45. 能源法一本通
46. 各级人民代表大会常务委员会监督法、全国人民代表大会和地方各级人民代表大会选举法、全国人民代表大会和地方各级人民代表大会代表法一本通
47. 矿产资源法一本通
48. 未成年人保护法、妇女权益保障法、老年人权益保障法一本通